Kristof Panis

La relation entre les normes et les droits de propriété intellectuelle dans le secteur des TIC

AF154755

Kristof Panis

La relation entre les normes et les droits de propriété intellectuelle dans le secteur des TIC

ScienciaScripts

Imprint

Any brand names and product names mentioned in this book are subject to trademark, brand or patent protection and are trademarks or registered trademarks of their respective holders. The use of brand names, product names, common names, trade names, product descriptions etc. even without a particular marking in this work is in no way to be construed to mean that such names may be regarded as unrestricted in respect of trademark and brand protection legislation and could thus be used by anyone.

Cover image: www.ingimage.com

This book is a translation from the original published under ISBN 978-3-659-56127-6.

Publisher:
Sciencia Scripts
is a trademark of
Dodo Books Indian Ocean Ltd. and OmniScriptum S.R.L publishing group

120 High Road, East Finchley, London, N2 9ED, United Kingdom
Str. Armeneasca 28/1, office 1, Chisinau MD-2012, Republic of Moldova, Europe
Printed at: see last page
ISBN: 978-620-7-48994-7

TABLE DES MATIÈRES

INTRODUCTION

L'économie mondiale est de plus en plus basée sur l'information. Les nouvelles applications des technologies de l'information et de la communication (ci-après "TIC"), telles que les communications mobiles et les ordinateurs personnels, modifient notre façon de vivre, de travailler et d'étudier, et revêtent une importance majeure tant pour les individus que pour l'industrie. Une société mondiale de l'information est en train de naître.

Toutefois, les applications TIC n'atteindront leur plein potentiel que si elles et les infrastructures qui les soutiennent sont pleinement interopérables, ce qui est le rôle des normes techniques. Les normes deviennent de plus en plus importantes dans l'industrie des TIC, en plus des droits de propriété intellectuelle (ci-après "DPI"), des stratégies de propriété intellectuelle (telles que les communautés de brevets) et de la gestion de la propriété intellectuelle.

Une norme technique établit des spécifications, des critères, des méthodes, des processus ou des pratiques techniques ou techniques uniformes, tels que les normes de téléphonie mobile, les normes de confidentialité, les normes de niveau de service, les normes d'échange de données, la norme internationale de service à la clientèle. Les normes techniques sont particulièrement importantes dans les grands systèmes techniques où elles servent de moyen de coordination : si les acteurs se conforment à ces règles, ils sont assurés de la compatibilité de la technologie. L'*interopérabilité et la compatibilité* sont les mots clés de la technologie des TIC.[1]

Cette thèse se concentre sur les normes purement techniques dans le secteur des TIC et le terme "norme" doit être compris de la même manière. Outre les normes techniques, les normes sont utilisées comme outil d'harmonisation pour des questions telles que la qualité de la santé, la protection de la vie privée et les marchés publics, qui ne sont pas nécessairement techniques.

Des problèmes peuvent survenir lorsque des DPI privés sont impliqués dans des normes nouvelles ou déjà existantes. D'une part, une entreprise titulaire de DPI peut adopter plusieurs stratégies afin de maximiser les bénéfices qu'elle peut tirer de ses DPI relatifs aux normes. D'autre part, les entreprises qui participent à des initiatives de normalisation disposent de plusieurs moyens juridiques pour lutter contre un éventuel abus de position dominante de la part d'un détenteur de DPI. Dans le même ordre d'idées, les normes et les DPI peuvent entrer en conflit en raison du caractère essentiellement public des normes et du caractère privé des DPI.

---

[1] Alan Cunningham et Gary Lea, "Telecommunications, intellectual property, and standards", dans Ian Walden (eds), *Telecommunications Law and Regulation,* (3rd edn, Oxford University Press, Oxford, 2009), 506.

Une entreprise détentrice de DPI doit toujours, lorsqu'elle protège ses DPI et qu'elle adhère à des initiatives de normalisation ou qu'elle est en concurrence avec elles, garder à l'esprit la valeur économique réelle de sa propriété intellectuelle et, de préférence, l'évaluer au préalable à l'aide de méthodes d'évaluation appropriées.

Ce mémoire analysera d'abord ce que sont les normes et quelles sont les lois qui s'y appliquent.

Ensuite, les DPI pertinents qui peuvent être appliqués aux normes seront examinés, ainsi que les moyens d'exploiter et de gérer au mieux la propriété intellectuelle.

En outre, la relation entre les normes et les DPI sera discutée, ainsi que les stratégies possibles qu'une entreprise peut adopter pour maximiser ses profits, en tenant compte du droit de la concurrence, qui sera analysé principalement d'un point de vue européen. Les stratégies possibles que l'industrie des TIC peut adopter pour maximiser ses profits, telles que l'adhésion à une communauté de brevets ou le choix de bloquer ou d'adhérer à un processus de normalisation de *facto* ou de *jure,* seront également analysées.

Il est utile de comparer l'industrie informatique avec d'autres industries où les normes sont applicables, telles que l'industrie des télécommunications. Plusieurs entreprises existantes, leurs normes et leur politique en matière de droits de propriété intellectuelle seront brièvement examinées.

Ensuite, un bref aperçu de l'avenir des normes en Europe sera donné, en se référant à la situation actuelle qui est discutée dans la thèse.

Cette thèse se termine par des conclusions générales et pratiques pour l'industrie des TIC en ce qui concerne les normes et la propriété intellectuelle.

Chapitre 1

CONTEXTE[2]

La normalisation, qui consiste à établir une spécification technique définie comme une norme, peut, du point de vue de la gestion, aider l'industrie à atteindre une masse critique et à rentabiliser plus rapidement les coûts de recherche et de développement. Les normes augmentent l'*interopérabilité*, ce qui améliore la concurrence et permet aux utilisateurs de bénéficier de plus d'un choix de systèmes et d'une plus grande facilité d'accès.

La normalisation peut en outre, outre l'interopérabilité, accroître la *compatibilité, la* sécurité, la reproductibilité et la qualité et, dans le même ordre d'idées, l'objectif ultime des normes est de soutenir le développement de marchés ouverts et concurrentiels pour les consommateurs et l'industrie.

La normalisation est une question mondiale qui ne connaît pas de frontières nationales et sa réglementation peut être internationale, continentale ou nationale.

Les normes sont principalement élaborées par les OEN traditionnels, mais elles peuvent également émerger du marché lui-même, grâce à la coopération de différentes entreprises, et par le biais d'un système gouvernemental.

L'Europe a développé un système de normalisation qui prend en compte les besoins de toutes les parties : l'industrie (grandes, moyennes et petites entreprises), les consommateurs et les autorités publiques.

Les outils TIC étant utilisés dans tous les secteurs économiques, une politique efficace de normalisation des TIC dans l'UE encouragera l'adoption plus rapide de nouvelles technologies et applications et contribuera par conséquent à la compétitivité de l'économie européenne.

La mise en œuvre de la politique actuelle de normalisation de l'UE repose sur les travaux des organismes européens de normalisation (OEN) et sur leur coopération avec les organismes internationaux de normalisation.

---

[2] Shane Greenstein et Victor Stango (eds), *Standards and Public Policy,* (Cambridge University Press, Cambridge, 2005), 1-10.

Au cours de la dernière décennie, le paysage mondial de la normalisation des TIC a changé : à côté des organismes traditionnels de normalisation, des *forums* et des consortiums spécialisés et mondiaux sont apparus sur le devant de la scène, tels que les *forums* et les *consortiums* pour les normes couvrant l'internet et le World Wide Web (www).

Parmi les autres exemples, on peut citer les réseaux de guichets automatiques partagés par les banques (par exemple Star, Cirrus) en tant qu'entreprises communes pour internationaliser l'avantage du réseau associé au fait de permettre aux clients d'accéder aux guichets automatiques de n'importe quelle banque.[3]

Il convient de souligner que l'industrie des TIC évolue très rapidement et que le cycle de vie des produits et applications TIC est souvent plus court que les processus généraux de normalisation internationale, ce qui peut entraver le développement de marchés ouverts et compétitifs au profit des consommateurs et de l'industrie. Il est essentiel que le système de normalisation européen actuel s'adapte aux besoins des marchés en évolution rapide.

Une autre évolution remarquable du secteur des TIC dont il faut tenir compte est la convergence des télécommunications, des médias, des loisirs et de l'informatique. Il en résulte une convergence des différentes technologies sous-jacentes, ce qui rend la normalisation encore plus importante. Les normes peuvent être considérées comme des "plans" permettant aux utilisateurs d'accéder, de créer et d'échanger des informations indépendamment de leur matériel ou de leur logiciel.

Plus récemment, le 3 juillet 2009, la Commission a adopté un Livre blanc intitulé "Moderniser la normalisation dans le domaine des TIC dans l'UE - La voie à suivre", dans lequel la Commission définit la normalisation comme *"une coopération volontaire entre l'industrie, les consommateurs, les autorités publiques et les autres parties intéressées en vue de l'élaboration de spécifications techniques"*.[4] Dans le livre blanc intitulé "Moderniser la normalisation des TIC dans l'UE - La voie à suivre", la Commission examine la nouvelle façon de mettre en place une politique moderne de normalisation des TIC. Les évolutions évoquées sont les *forums* et *consortiums* mondiaux spécialisés à venir et la nécessité pour le système de normalisation européen actuel de s'adapter aux besoins des marchés en évolution rapide, en particulier dans les services et les produits de haute technologie.][5]

---

[3] Ibid.

[4] Commission (CE), "Moderniser la normalisation dans le domaine des TIC dans l'UE - La voie à suivre (Livre blanc)" COM(09) 324 final, 3 juillet 2009, p 3 < http://ec.europa.eu/enterprise/policies/european-standards/files/ict/policy/standards/whitepaper en.pdf> dernière visite le 4 août 2010.

[5] Ibid, 7.

Chapitre 2

ANALYSE

A. NORMES ET NORMALISATION

a. Définition

Il n'existe pas de définition générale d'une norme. Plusieurs organisations et autorités de normalisation internationales et européennes ont convenu de leurs propres définitions.

Le Guide 2:1996 de l'Organisation internationale de normalisation/Commission électrotechnique internationale (ISO/CEI), définition 3.2, définit une norme comme suit :

> *Un document établi par consensus et approuvé par un organisme reconnu qui fournit, pour un usage commun et répété, des règles, des lignes directrices ou des caractéristiques pour des activités ou leurs résultats, visant à atteindre le degré optimal d'ordre dans un contexte donné".*[6]

La directive 98/34/CE du Parlement européen et du Conseil du 22 juin 1998 prévoyant une procédure d'information dans le domaine des normes et réglementations techniques définit une "norme" à l'article 6 comme suit :

> *"une spécification technique approuvée par un organisme de normalisation reconnu pour une application répétée ou continue, dont le respect n'est pas obligatoire et qui est l'une des suivantes :*
> *- norme internationale : norme adoptée par un organisme international de normalisation et mise à la disposition du public,*
> *- Norme européenne : norme adoptée par un organisme européen de normalisation et mise à la disposition du public,*
> *- norme nationale : une norme adoptée par un organisme national de normalisation et mise à la disposition du public".*

Selon la directive 98/34, une norme est donc une norme technique approuvée à laquelle une industrie donnée peut se conformer. Elles peuvent se référer à un certain nombre

---

[6] <http://www.iso.org/iso/iso catalogue/catalogue tc/catalogue detail.htm?csnumber=24887> dernière visite le 5 août 2010.

d'activités différentes, telles que les activités économiques, les activités politiques ou les activités techniques. Comme indiqué précédemment, le champ d'application de cette thèse n'ira pas au-delà des normes "techniques".

Selon le Lea, une norme technique est *"un enregistrement d'une ou plusieurs solutions à un ou plusieurs problèmes de correspondance entre des personnes, des objets, des processus ou toute combinaison de ceux-ci, et qui est destiné à un usage commun et répété dans tout domaine technique"* [7]

Les normes peuvent être de *jure* ou de *facto*. *Les normes de jure* ou formelles sont établies par la loi ou par des exigences légales formelles imposées par des OEN reconnus après une certaine procédure d'acceptation. Les normes formelles peuvent donc également être définies comme des normes "de comité" et seront expliquées plus en détail dans la section "c. Normes de jure". Normes de *jure*". Les normes de *facto* ou normes de marché sont des normes ou des exigences qui ont un statut informel mais dominant. Elles découlent spontanément du degré de pénétration d'une solution technique particulière sur le marché et seront expliquées plus en détail dans la section *"d. Normes de facto". Normes de facto".*

Le développement de la norme Global System for Mobile (GSM) est l'une des normes les plus connues dans l'industrie des TIC. Ensuite, la norme européenne pour la troisième génération de technologies de réseaux mobiles (ou 3G) est le système universel de télécommunications mobiles (UMTS), également connu sous le nom de 3GSM.

b. Normes de *jure* : Organismes de normalisation (OEN)

Comme indiqué précédemment, les normes officielles sont celles élaborées par des organismes de normalisation reconnus (OEN). Les OEN peuvent être mondiaux (ISO, CEI, UIT), régionaux (CEN, Cenelec et ETSI en Europe) ou nationaux (organismes nationaux de normalisation ("ONN")).

i. International

L'Union télégraphique internationale (UTI), créée en 1865, est l'une des premières organisations internationales de normalisation.

Les principales organisations internationales de normalisation sont l'Organisation

---

[7] Gary Lea et Peter Hall, "Standards and intellectual property rights : an economic and legal perspective" (2004) 16 IEP 67, 69.

internationale de normalisation (ISO) et son organisation sœur, la Commission électrotechnique internationale (CEI).

L'ISO, fondée en 1947, est un organisme international non gouvernemental de normalisation composé de représentants de divers organismes nationaux de normalisation. C'est le plus grand concepteur et éditeur de normes internationales au monde. Les normes sont élaborées par des comités techniques (tels que le comité des technologies de l'information), composés d'experts des secteurs industriels concernés qui ont demandé la norme. Les normes ISO sont volontaires et l'ISO n'a pas le pouvoir légal d'imposer la mise en œuvre de ses normes.[8]

Avant la création des organismes de normalisation, les normes dans le secteur des télécommunications étaient fixées soit par le gouvernement national en tant que propriétaire du fournisseur de télécommunications (l'"opérateur historique"), soit par l'opérateur historique lui-même. Le caractère de plus en plus transnational des télécommunications a fait naître le besoin de normes transnationales. Les accords bilatéraux entre les fournisseurs nationaux de télécommunications ont constitué la première étape de la normalisation.

ii. L'Europe

L'une des premières organisations européennes de normalisation est la Conférence européenne des administrations des postes et des télécommunications (CEPT).[9]

La politique européenne de normalisation repose sur plusieurs documents juridiques tels que la directive 98/34 déjà mentionnée, la directive 98/48/CE modifiant la directive 98/34 et la résolution du Conseil du 7 mai 1985 concernant la nouvelle approche en matière d'harmonisation technique et de normalisation.

Les organismes de normalisation européens compétents pour le secteur des TIC sont le Comité européen de normalisation (CEN)[10], le Comité européen de normalisation électrotechnique (CENELEC)[11] et l'Institut européen des normes de télécommunication (ETSI)[12]. Le Bureau de normalisation des TIC (ICTSB)[13] est une initiative des trois derniers organismes européens de normalisation reconnus

---

[8] <www.iso.org> dernière visite le 4 août 2010.
[9] La CEPT a été créée le 26 juin 1959 en tant qu'organe de coordination des organisations   nationales européennes de télécommunications et de postes.
[10] <www.cen.eu> dernière visite le 4 août 2010.
[11] <www.cenelec.eu> dernière visite le 4 août 2010.
[12] <www.etsi.org> dernière visite le 4 août 2010.
[13] <www.ictsb.org> dernière visite le 4 août 2010.

mentionnés : il a pour mission de coordonner les activités de normalisation spécifiques dans le domaine des TIC.

Le CEN est un important fournisseur de normes européennes et est le seul organisme de normalisation européen reconnu, conformément à la directive 98/34, pour la planification, l'élaboration et l'adaptation des normes européennes dans tous les domaines d'activité économique, à l'exception du secteur de l'électrotechnologie (CENELEC) et du secteur des télécommunications (ETSI). L'une des sections du CEN est celle des TIC.[14]

L'Institut européen des normes de télécommunications (ETSI) est reconnu par l'Union européenne comme un organisme de normalisation européen officiel, sans but lucratif et de premier plan. Il produit des normes applicables à l'échelle mondiale dans le domaine des TIC, telles que les normes relatives aux technologies de communication fixe, les normes relatives aux technologies de communication mobile, les normes relatives aux technologies radio, les normes relatives aux technologies de radiodiffusion, les normes relatives aux technologies internet et les normes relatives aux technologies aéronautiques.[15]

Les clauses pertinentes sont la "politique en matière de DPI" et l'"engagement en matière de DPI" adoptés par l'ETSI. La clause 4.f de la politique de l'ETSI en matière de DPI oblige les membres à s'efforcer raisonnablement d'informer l'ETSI à temps des DPI essentiels et la clause 6 stipule que lorsqu'un droit de propriété intellectuelle essentiel est identifié et porté à l'attention de l'ETSI, le directeur général est tenu de demander immédiatement au titulaire du DPI de s'engager par écrit, dans un délai de trois mois, à accorder des licences irrévocables sur une base équitable, raisonnable et non discriminatoire (ci-après dénommée "FRAND").

La directive 98/34 du traité CE établit une procédure de notification pour la transparence des réglementations techniques et vise à éviter la création de nouvelles barrières techniques aux échanges au sein de la CE, en tenant compte de la libre circulation européenne des personnes, des biens, des services et des capitaux. La directive 98/34 exige que les autres États membres notifient à la Commission les réglementations techniques concernant les services et produits des technologies de l'information sous forme de projet, afin de donner aux autres États membres la possibilité de faire part de leurs préoccupations concernant d'éventuelles entraves aux échanges.

---

[14] <http://www.cen.eu/cen/Sectors/Sectors/ISSS/Pages/default.aspx> dernière visite le 4 août 2010.

[15] <www.etsi.org> dernière visite le 4 août 2010.

iii. États-Unis

L'American National Standards Institute (ci-après "ANSI") facilite l'élaboration des normes nationales américaines (ci-après "ANS") en accréditant les procédures des OEN ; l'ANSI ne fournit pas lui-même de normes internationales, mais est l'administrateur et le coordinateur du système de normalisation volontaire du secteur privé américain.[16] Les normes américaines peuvent être transmises à l'ISO où elles seront adoptées en tant que normes internationales.

L'Alliance for Telecommunications Industry Solutions (ci-après dénommée "ATIS") est le principal OEN américain dans le domaine des télécommunications. La politique en matière de brevets utilisée dans les activités d'ATIS découle directement de la politique en matière de brevets de l'ANSI et en incorpore certaines parties.

iv. Statut juridique ODD

En général, les OEN ne peuvent s'appuyer que sur une "approche non contraignante", car ils n'ont, à première vue, aucune force juridique.[17] Les OEN dépendent de la bonne volonté de leurs membres et des titulaires de DPI pour des questions telles que la négociation de licences de DPI à des conditions FRAND.

Toutefois, comme le suggèrent des auteurs tels que Cunningham et Lea, une méthode possible pour améliorer la force juridique des OEN consisterait à veiller à ce que des accords d'adhésion plus solides et contractuellement contraignants soient utilisés ; selon ces mêmes auteurs, ces accords pourraient prendre la forme de "contrats de club" afin que les membres puissent les faire appliquer *entre eux*. En outre, ces contrats de club pourraient contenir des clauses de post-résiliation afin de maintenir des restrictions sur les activités des anciens membres.[18]

Le problème reste que les OEN ne disposent souvent d'aucune mesure pour faire appliquer les actions suggérées par les parties, si ce n'est l'expulsion de l'OEN lui-même. Un autre problème qui apparaît lorsque l'on considère le champ d'application des politiques de PI est qu'elles n'incluent pas tous les types de PI. L'UIT-T a ouvert la voie sur ce point en fournissant des lignes directrices sur les droits d'auteur des

---

[16] <www.ansi.org> dernière visite le 4 août 2010.

[17] Alan Cunningham et Gary Lea, "Telecommunications, intellectual property, and standards", dans Ian Walden (eds), *Telecommunications Law and Regulation,* (3rd edn, Oxford University Press, Oxford, 2009), 526.

[18] Ibid.

logiciels.[19]

c. Normes de *facto* : acteurs dominants du marché et *consortiums*

Les normes de *facto* apparaissent dès qu'un fabricant - très probablement dominant - atteint un certain niveau de pénétration du marché avec son produit, et que celui-ci devient *"de facto"* la norme du secteur. Par conséquent, il sera difficile pour les autres dont les produits doivent être interopérables avec la norme de facto d'éviter de se conformer à cette norme. Ce sera particulièrement le cas lorsqu'il s'agit d'interfonctionnement et de mise en réseau, comme dans les secteurs de l'informatique, de la distribution d'énergie, des communications et des transports.

Les normes de *facto* ne font pas l'objet d'une procédure de consensus. La plupart d'entre elles sont établies par un seul acteur dominant du marché. Microsoft, sur le marché des systèmes d'exploitation, et la norme AOL, qui permet aux gens de "chatter" en ligne, sont des exemples de normes de *facto*.[20]

Un *consortium* est un groupe de grands détenteurs de DPI qui conviennent d'une certaine norme qui peut être utilisée par tous les membres du groupe, mais uniquement par eux. Un exemple de *consortium* est une communauté de brevets, où les détenteurs d'un certain nombre de brevets essentiels pour une norme particulière s'associent et se donnent mutuellement accès à tous les brevets essentiels. Un exemple bien connu de communauté de brevets est le partenariat pour la plate-forme 3G.

Aujourd'hui, des organisations telles que l'ETSI sont sous pression en raison de la convergence croissante entre les secteurs de l'informatique et des communications, mais aussi, et c'est plus pertinent ici, en raison de la création d'autres organismes non gouvernementaux tels que des organisations industrielles et des organisations de *facto* ou des *consortiums de* normalisation.[21]

À la fin des années 1980 et dans les années 1990, de nombreux nouveaux ODD technologiques non traditionnels ont été créés en réponse aux avancées technologiques. Dans le secteur des télécommunications, par exemple, le forum sur le mode de transfert asynchrone (ATM) et le forum sur le relais de trame ont été créés. Dans le secteur de l'informatique, on peut citer le consortium X-Window, l'Open Software Foundation, le forum DVD et, surtout, le consortium W3 (World Wide Web).[22]

---

[19] Ibid ; <http://www.itu.int/ITU-T/dbase/copyright/softguidelines.pdf> dernière visite le 5 août 2010.

[20] Johan Verbruggen et Anna Lorincz, "Patents and technical standards" (2002) IIC 33(2) 125, 132.

[21] Ibid.

[22] Alan Cunningham et Gary Lea, "Telecommunications, intellectual property, and standards", dans Ian Walden (eds),

Les forums et *consortiums* mondiaux présentent l'avantage de permettre aux entreprises de se mettre d'accord sur des normes de manière plus simple et moins formelle. En outre, ils sont plus efficaces en termes de temps et plus proches de l'industrie que les OEN traditionnels.

d. Droit dur ?

Les OEN ne fournissent pas d'instruments juridiques contraignants et leurs normes peuvent être qualifiées de "soft law". L'efficacité de l'approche non contraignante des OEN dépend de l'intention des parties de l'industrie de s'accorder sur une certaine norme.

Toutefois, selon Verbruggen, les normes formelles peuvent acquérir une force juridique par incorporation ou référence ; lorsque le texte d'une norme formelle est incorporé dans un texte législatif, la norme acquiert la même valeur juridique que le droit dur traditionnel. L'incorporation implique que la norme devient un instrument juridiquement contraignant qui peut être appliqué. [23]

La référence peut être exclusive ou indicative. Une référence exclusive désigne le respect d'une norme formelle donnée comme le seul moyen de satisfaire aux exigences légales pertinentes et a la même valeur juridique que les exigences légales.[24] [25] [26] Par exemple, la loi belge sur les réseaux de téléphonie mobile stipule *que "le système mis en place par l'opérateur doit être conforme aux normes ETSI pertinentes".*[25]

En Europe, les directives dites "nouvelle approche", qui font suite à la résolution du Conseil européen du 7 mai 1985[26], appliquent la technique de la référence indicative aux "normes formelles harmonisées", qui sont élaborées par les organismes européens de normalisation sous mandat de la Commission. Les normes harmonisées sont des normes européennes élaborées conformément aux orientations générales convenues entre la Commission et les organismes de normalisation, et font suite à un mandat délivré par la Commission après consultation des États membres. Bien que ces normes soient volontaires et non contraignantes, le respect des normes harmonisées entraîne une "présomption de conformité" aux exigences essentielles auxquelles les produits mis sur le marché européen doivent se conformer.

Telecommunications Law and Regulation, (3rd edn, Oxford University Press, Oxford, 2009), 530.

[23] Johan Verbruggen et Anna Lorincz, "Patents and technical standards" (2002) IIC 33(2) 125, 132.

[24] Ibid.

[25] Article 6, décision ministérielle (MB) du 8 avril 1995.

[26] Résolution du Conseil du 7 mai 1985 concernant une nouvelle approche en matière d'harmonisation technique et de normalisation (CE) JO CE 85/C 136/01 <http://eur-lex.europa.eu/LexUriServ/LexUriServ.do?uri=CELEX:31985Y0604(01):en:NOT> dernière visite le 4 août 2010.

Un certain nombre de recours traditionnels de droit dur sont disponibles dans les cas de conflits entre la propriété intellectuelle et les normes. La question est de savoir dans quelle mesure le titulaire d'un DPI essentiel requis pour une norme peut être contraint par la loi, plus précisément par le droit des licences obligatoires et le droit de la concurrence, de concéder sa propriété intellectuelle à d'autres.

Ce point sera abordé dans la partie C et constitue une discussion sur la frontière entre le droit de la propriété intellectuelle et le droit de la concurrence.

B. LA PROPRIÉTÉ INTELLECTUELLE

a. Propriété intellectuelle

De nombreux éléments techniques des produits et services de l'industrie des TIC, tels que les normes utilisées dans les interfaces, sont protégés par des DPI. L'utilisation des DPI dans le secteur des TIC n'est pas nouvelle. En fait, les DPI ont été l'un des premiers problèmes apparus lors de l'introduction de technologies telles que le télégraphe et la téléphonie. En 1937, Cooke et Weathstone ont obtenu un brevet pour leur système télégraphique au Royaume-Uni et ont ensuite empêché Morse d'obtenir un brevet britannique pour ses systèmes concurrents.[27]

Le terme "propriété intellectuelle" comprend principalement les droits d'auteur, les brevets, les dessins et modèles enregistrés et non enregistrés, et les marques. La technologie utilisée dans l'industrie des TIC est principalement protégée par des droits de brevet, des droits d'auteur et des droits voisins (notamment sur les logiciels ou les bases de données), mais aussi par des modèles d'utilité, des droits sui generis sur les topographies de semi-conducteurs et des droits sur les dessins et modèles industriels.

Un brevet est un monopole limité qui est accordé en échange de la divulgation d'informations techniques. Le demandeur est tenu de divulguer son invention de manière à ce qu'elle puisse être utilisée par une "personne versée dans l'art". En contrepartie, l'État délivre au demandeur un document (le brevet) qui lui donne le droit exclusif de contrôler la manière dont son invention brevetée est exploitée pendant une période de 20 ans. Après l'expiration de la durée du brevet, l'invention couverte par les revendications du brevet tombe dans le domaine public.

Pour être brevetable en Europe, une invention doit 1) consister en un objet brevetable

---

[27] Isabelle Liotard et Rudi Bekkers, "European standards for mobile communications : the tense relationship between standards and intellectual property rights" (1999) 21 (3) E.I.P.R. 110, 115.

; 2) être nouvelle ; 3) impliquer une activité inventive ; et 4) satisfaire aux conditions internes de brevetabilité et pouvoir faire l'objet d'une application industrielle.[28]

En outre, en Europe, la brevetabilité de l'invention ne doit pas être spécifiquement exclue par les dispositions légales. Par exemple, la brevetabilité des programmes d'ordinateur en tant que tels, des méthodes mathématiques et des schémas d'exécution d'actes mentaux est spécifiquement exclue en Europe et dans la plupart des autres pays.

La discussion sur les brevets pour les inventions informatiques devant l'Office européen des brevets (OEB) s'est largement concentrée sur le concept selon lequel les inventions brevetables doivent être "techniques", concept qui a été développé au fil des ans. Ce concept a été développé au fil des ans. Toutefois, il ne sera pas abordé ici, car il n'entre pas dans le cadre de la présente thèse.

Le droit d'auteur est le terme utilisé pour décrire le domaine du droit de la propriété intellectuelle qui réglemente la création et l'utilisation d'une série de biens culturels tels que les livres, les chansons, les films et les programmes d'ordinateur. Les droits accordés au titulaire d'un droit d'auteur durent très longtemps : dans de nombreux cas, 70 ans après la mort de l'auteur.[29] Contrairement aux droits de brevet, le droit d'auteur prend effet automatiquement dès la création d'une œuvre, sans qu'il soit nécessaire de remplir une quelconque formalité.[30]

Les seules conditions préalables à la protection du droit d'auteur, qui s'appliquent à toutes les œuvres, sont que l'œuvre soit d'un type pour lequel le droit d'auteur peut subsister et que l'auteur soit une personne qualifiée ou que l'œuvre ait été publiée ou diffusée d'une manière appropriée.[31] [32]

Il convient de se référer à la directive 2009/24/CE du Parlement européen et du Conseil du 23 avril 2009 concernant la protection juridique des programmes d'ordinateur, qui permet dans certains cas l'ingénierie inverse ou la décompilation de programmes d'ordinateur sans l'autorisation du titulaire du droit *" lorsque la reproduction du code et la traduction de sa forme sont indispensables pour obtenir les informations nécessaires pour réaliser l'**interopérabilité** d'un programme d'ordinateur créé de manière indépendante avec d'autres programmes, pour autant que les conditions*

---

[28] Article 52-57 Convention sur le brevet européen 1973

[29] Lionel Bentley et Brad Sherman, *Intellectual Property Law*, (3e édition, Oxford University Press, Oxford, 2009), 31.

[30] Christopher Millard, "Copyright in information technology and data", dans Chris Reed et John Angel (eds), *Computer Law*, (6th edn, Oxford University Press, Oxford, 2007), 338.

[31] Ibid.

[32] Article 6 de la directive 2009/24/CE.

suivantes soient remplies (...) ". "32

Il s'agit là d'un autre exemple de *droit contraignant* pour les normes. Outre le droit de la concurrence et les "contrats de club", les lois nationales mettant en œuvre la directive 2009/24/CE peuvent, dans une certaine mesure, servir de base juridique pour imposer l'utilisation - bien que partielle - du code informatique d'une personne, pour des raisons d'interopérabilité.

D'un point de vue politique général, la question se pose de savoir comment garantir au mieux que tous les acteurs du marché puissent utiliser les technologies protégées par des DPI nécessaires, par exemple, à l'exploitation d'un réseau de télécommunications.

Dans le secteur des télécommunications, la directive sur l'accès fixe les modalités selon lesquelles d'autres radiodiffuseurs peuvent atteindre leurs clients par l'intermédiaire d'un boîtier décodeur et selon lesquelles les fabricants peuvent exiger une licence pour fabriquer les boîtiers.[33] L'accès conditionnel est un bon exemple de la nécessité d'une règle spéciale pour rendre les DPI largement accessibles à tous les acteurs du marché. L'accès conditionnel est le moyen technique d'accès à un service particulier (le "boîtier décodeur") qui permet de décoder un signal de télévision ou un message numérique.

b. Gestion et exploitation de la propriété intellectuelle

i. Gestion de la propriété intellectuelle

Selon les auteurs de BEKKERS, l'importance des DPI est susceptible de croître plus rapidement dans l'industrie des télécommunications (et l'industrie informatique) que dans d'autres domaines, pour les raisons suivantes : Premièrement, en règle générale, on peut affirmer que plus un secteur est technique, plus il est susceptible d'être breveté. Deuxièmement, l'industrie des TIC consacre une part importante de son chiffre d'affaires à la R&D, et l'intensité des brevets augmente dans ce domaine. Troisièmement, l'évolution vers un marché mondial ouvert pour les équipements standardisés (contrairement aux marchés nationaux protégés du passé) accroît la nécessité de protéger les résultats des efforts de recherche. Quatrièmement, les TIC traitent principalement de normes de compatibilité qui nécessitent une description détaillée de toutes les caractéristiques des interfaces des systèmes concernés, ce qui augmente le risque que les normes couvrent des technologies brevetées. Cinquièmement, les organismes de normalisation invitent de plus en plus l'industrie à

---

[33] Directive 2002/19/CE du Parlement européen et du Conseil du 7 mars 2002 relative à l'accès aux réseaux de communications électroniques et aux ressources associées, ainsi qu'à leur interconnexion (directive "accès") [Journal officiel L 108 du 24.04.2002].

participer à l'élaboration des normes et ces industries sont susceptibles de présenter des propositions techniques couvertes par leurs propres DPI. Sixièmement, la numérisation des systèmes de télécommunications et leur convergence avec l'industrie des technologies de l'information entraînent un "échange" de domaines de brevets, mais aussi l'introduction de droits sur les topographies de semi-conducteurs et les droits d'auteur dans le domaine des télécommunications.[34]

Ces dernières années, le concept de gestion des actifs intellectuels (ci-après "GIA") a pris de l'importance, les entreprises cherchant à exploiter plus efficacement leurs actifs intellectuels. Le concept de base de la GPI est d'augmenter la valeur commerciale des actifs intellectuels grâce à une évaluation et une gestion plus complètes.[35]

Un rapport technologique de *PricewaterhouseCoopers* (PWC) de 2007 indique que : *"L'écrasante majorité des dirigeants affirment que la gestion de la propriété intellectuelle est essentielle au succès de leur entreprise. En outre, ils affirment que la gestion des technologies de l'information deviendra encore plus importante au cours des prochaines années. Néanmoins, plus de 60 % des dirigeants affirment que leur entreprise pourrait tirer beaucoup plus de valeur de sa propriété intellectuelle grâce à une gestion active de la propriété intellectuelle.(...)Pour l'essentiel, les dirigeants affirment que leur entreprise commence à devenir ce que je considère comme une classe d'actifs. Le défi consiste donc à créer un portefeuille optimal d'actifs essentiels".[36]*

Dans le même ordre d'idées, un cadre d'une entreprise européenne de télécommunications a déclaré dans le même rapport de PWC : "Jusqu'à récemment, nous avions tendance à garder nos brevets dans un tiroir, à prendre la poussière : *"Jusqu'à récemment, nous avions tendance à garder nos brevets dans un tiroir, où ils prenaient la poussière. Aujourd'hui, nous les commercialisons auprès d'autres entreprises. Ils ont une grande valeur.[37]*

Comme on peut le conclure, l'industrie passe de l'évaluation des seuls biens matériels d'une entreprise à l'évaluation des biens matériels et des très importants actifs incorporels tels que la propriété intellectuelle. Comme l'a déclaré un dirigeant de

---

[34] Isabelle Liotard et Rudi Bekkers, "European standards for mobile communications : the tense relationship between standards and intellectual property rights" (1999) 21 (3) E.I.P.R. 110, 115-116.

[35] Organisation de coopération et de développement économiques (OECC) "Valorisation et exploitation de la propriété intellectuelle" (30 juin 2006), Analyse statistique de la science, de la technologie et de l'industrie (STI), document de travail 2006/5, 8.

[36] PricewaterhouseCoopers, "Exploiting intellectual property in a complex world", Asset Management, Technology executive connections , volume 4, 4. <http://www.pwc.com/en GX/gx/technology/pdf/exploiting- intellectual-property.pdf > dernière visite le 4 août 2010.

[37] Ibid, 8.

l'entreprise de télécommunications Qualcomm : *"Le coût de fabrication et le coût des matériaux représentent un pourcentage de plus en plus faible de la valeur totale de tout appareil technologique. La vraie valeur aujourd'hui, c'est l'idée, la connaissance, la capacité et, en fin de compte, les brevets correspondants".* [38]

L'AIM est étroitement liée à une évolution vers des modèles d'innovation plus ouverts, tels que ceux qui existent dans le secteur des TIC (logiciels libres). De nombreuses grandes entreprises technologiques ont créé des départements indépendants pour valoriser les brevets par l'octroi de licences et de nombreuses petites et moyennes entreprises (PME) ont constaté que l'octroi de licences était un moyen efficace de rentabiliser leur recherche et leur développement. [39]

ii. Audit et évaluation de la propriété intellectuelle

1. Audit de la propriété intellectuelle

Un audit approprié de la propriété intellectuelle et des méthodes précises d'évaluation de la propriété intellectuelle sont essentiels pour une gestion appropriée de la propriété intellectuelle.

"Si vous ne le mesurez pas, vous ne pouvez pas le gérer". Cette phrase de Ian Cockburn, du cabinet de conseil en brevets Pipers, illustre ce que contiennent réellement l'audit et l'évaluation de la propriété intellectuelle. [40] Lors d'un transfert de technologie, la propriété intellectuelle doit toujours être d'abord identifiée et définie au moyen d'un audit, puis évaluée au moyen d'une méthode d'évaluation appropriée.

Un audit de propriété intellectuelle peut être défini comme un examen, un classement ou un enregistrement systématique des actifs de propriété intellectuelle (potentiellement) détenus, utilisés ou acquis par une entreprise ; il s'agit d'un processus de diligence raisonnable concernant tous les actifs de propriété intellectuelle d'une entreprise, afin de divulguer et d'identifier la propriété intellectuelle de cette entreprise, qu'elle soit utilisée ou non.

Grâce à un audit de propriété intellectuelle, une entreprise sait exactement quelle propriété intellectuelle elle possède ou non, et quelle propriété intellectuelle elle aimerait obtenir. En outre, l'audit de propriété intellectuelle permet à l'entreprise de savoir quelle propriété intellectuelle est insuffisamment protégée par les mécanismes

---

[38] Ibid, 10.

[39] Organisation de coopération et de développement économiques (OECC) "Valuation and Exploitation of Intellectual Property" (30 juin 2006), Statistical Analysis of Science, Technology and Industry (STI) Working Paper, 2006/5, 10.

[40] Ian Cockburn, "IP Audit - A "How to" Guide" <http://www.wipo.int/sme/en/documents/ip audit.htm> dernière visite le 4 août 2010.

de protection de la propriété intellectuelle et quelle propriété intellectuelle n'est pas pertinente pour les activités commerciales de l'entreprise. À l'issue de ce processus, la direction de l'entreprise sera en mesure d'améliorer les stratégies existantes ou d'en élaborer de nouvelles afin de maintenir et d'améliorer la position de l'entreprise sur le marché.

La première étape d'un audit de PI consiste à identifier la PI existante : marques déposées, droits d'auteur, dessins et modèles ou brevets, licences de tiers, y compris les licences croisées. Cette catégorie comprend également les manuels de travail internes, les bases de données, les accords de franchise, les publications, le savoir-faire en matière de produits et de procédés.[41]

Une fois ces éléments identifiés, il convient de déterminer quelle entreprise ou société affiliée détient effectivement la propriété intellectuelle et les DPI, s'ils sont toujours enregistrés et applicables, et s'ils sont utilisés de manière efficace. Il convient également d'examiner si la propriété intellectuelle est intégrée ou non dans des technologies de base, la durée de vie de la propriété intellectuelle sous-jacente dans ladite technologie, l'exclusivité potentielle ou réelle de la technologie (examiner les conditions de licence) et les risques de contrefaçon.[42]

2. Évaluation de la propriété intellectuelle

Après le processus d'audit de la propriété intellectuelle, celle-ci peut être évaluée au moyen de différentes méthodes d'évaluation. Une évaluation correcte de la propriété intellectuelle d'une entreprise n'est pas seulement utile à des fins d'exploitation (par exemple, l'octroi de licences en rejoignant une communauté de brevets ou une plateforme standard), elle peut également servir à décider s'il convient ou non de défendre son DPI devant un tribunal ou, lorsqu'une redevance de licence est discutée par les parties, éventuellement au cours d'une procédure judiciaire. Les méthodes d'évaluation des droits de propriété intellectuelle enregistrés, tels que les brevets, les logiciels, les bases de données et les marques, peuvent généralement être divisées en trois approches : l'approche par les coûts (*quel serait le coût actuel de la production de l'actif analysé ?*), l'approche par le marché (*quel est le prix d'actifs comparables sur un marché liquide et transparent ?*) et l'approche par les revenus (*quelle est la valeur actuelle du flux de revenus potentiels ou du flux de trésorerie provenant de l'actif ?*)[43]

En ce qui concerne les normes, on peut affirmer qu'un brevet a potentiellement plus de

---

[41] Ibid.

[42] Ibid.

[43] Gail Evans, "Intellectual property audits, accounting and valuation" (conférence au Centre of Commercial Law Studies of Queen Mary University of London à Londres en 2010).

valeur s'il est essentiel à une norme d'interopérabilité accessible au public, parce que le détenteur du brevet peut potentiellement bloquer la tentative d'une autre entreprise de mettre en œuvre cette norme.[44]

Lorsqu'une entreprise détient un grand nombre de brevets essentiels, il sera difficile pour le donneur de licence potentiel d'évaluer la valeur de chaque brevet du portefeuille de brevets. Pour économiser sur les coûts de transaction, certaines entreprises choisissent de concéder des licences sur la base du nombre de brevets, tandis que d'autres tentent de définir la valeur de leur portefeuille sur la base d'un petit nombre de leurs brevets les plus précieux (les "joyaux de la couronne").[45]

L'évaluation d'un portefeuille de brevets incorporés dans une <u>norme</u> étant techniquement, juridiquement et économiquement beaucoup plus complexe, d'autres méthodes privilégiées consistent à compter le nombre de fois qu'un brevet est cité par d'autres brevets, ou à s'appuyer sur la valeur du brevet qui a été validée par des recherches économiques antérieures.[46]

i. Exploitation de la propriété intellectuelle

1. Vue d'ensemble

À mesure que les entreprises s'orientent vers des modèles d'innovation plus ouverts, fondés sur la collaboration externe et l'approvisionnement externe en connaissances, elles exploitent leur propriété intellectuelle, principalement des brevets, non seulement en incorporant des inventions protégées dans de nouveaux produits et services, mais aussi en accordant des licences à d'autres entreprises ou à des organismes de recherche publics, puis en utilisant leur propriété intellectuelle comme outil de négociation avec d'autres entreprises et, enfin, comme moyen d'attirer des financements externes de la part de banques, de sociétés de capital-risque et d'autres sources.

Les brevets et les demandes de brevet peuvent être cédés, concédés sous licence ou hypothéqués. L'une des conséquences est que les brevets font désormais partie de la monnaie commerciale : ils peuvent être échangés, exploités et inclus dans le bilan des entreprises.[47]

---

[44] Rudi Bekkers et Joel West, "The Limits to IPR Standardization Policies as Evidenced by Strategic Patenting in UMTS" (2009), Telecommunications Policy 33 (2009) 80-97.

[45] Ibid.

[46] Bronwyn H. Hall, Adam Jaffe et Manuel Trajtenberg, "Market Value and Patent Citations" (2005), Rand Journal of Economics, 36 (1), 16-38 ; Gary Lea et Peter Hall, "Standards and intellectual property rights : an economic and legal perspective" (2004) 16 Information Economics and Policy, 67-89.

[47] Lionel Bentley et Brad Sherman, *Intellectual Property Law*, (3e édition, Oxford University Press, Oxford, 2009), 570.

Dans le même temps, les entreprises peuvent tirer un avantage financier de leurs brevets de manière indirecte : certaines entreprises placent leurs brevets dans le domaine public ou offrent des licences non exclusives, exemptes de redevances, afin de favoriser le développement d'un domaine d'activité particulier dans lequel elles espèrent opérer. Cette approche peut conduire à l'établissement d'une norme de *facto*.

2. Licences

Une licence autorise une partie à accomplir un acte qui serait autrement interdit, et peut prendre de nombreuses formes, telles qu'une licence exclusive ou non exclusive. Ce qui est important dans le cadre de cette thèse, c'est le concept juridique d'une licence non exclusive que les détenteurs de brevets qui participent à des accords de normalisation peuvent obtenir d'autres détenteurs de brevets, ce qui leur permet d'utiliser leurs brevets respectifs à des "conditions équitables, raisonnables et non discriminatoires (FRAND)".[48]

La base de calcul d'une redevance de licence peut être le volume unitaire, le volume du chiffre d'affaires, l'utilisation ou même un prix fixe. Une méthode d'évaluation appropriée peut aider les parties à déterminer la redevance.

Les licences relatives aux normes de téléphonie mobile établies par l'ETSI, où les participants aux normes sont tenus de divulguer leurs DPI et d'accorder des licences sur ces DPI à des conditions FRAND, en sont un exemple. Un autre exemple est l'octroi de licences ouvertes permettant à des chercheurs ultérieurs d'utiliser du matériel breveté à condition qu'ils appliquent des conditions similaires à toute amélioration.[49]

Les licences croisées peuvent permettre à une entreprise d'accéder à d'autres technologies qui complètent les siennes et qu'il serait autrement impossible ou trop coûteux d'obtenir. Si deux parties ou plus couvrent la même norme, il est possible de créer un pool de normes, grâce auquel les parties s'accordent mutuellement des licences croisées, ce qui se traduit en fin de compte par une baisse des coûts d'accès pour toutes les parties au pool.

Comme nous le verrons dans la partie C.b., une entreprise qui a obtenu des DPI essentiels pour une norme au cours de la phase de diffusion de la norme peut opter pour des considérations non financières exigeantes telles que des licences croisées en échange d'autres licences. Cela peut concerner à la fois des brevets essentiels et non

---

[48] Lionel Bentley et Brad Sherman, *Intellectual Property Law*, (3e édition, Oxford University Press, Oxford, 2009), 572.
[49] Ibid.

essentiels.

La licence obligatoire est la mesure la plus utilisée lorsque le titulaire de la propriété intellectuelle abuse de son pouvoir de marché. Il s'agit d'une mesure ordonnée le plus souvent par un tribunal.

Outre les licences obligatoires, il est également possible de s'appuyer sur les doctrines relatives aux facilités essentielles et sur le droit de la concurrence pour mettre la propriété intellectuelle à la disposition d'autres entreprises sur le marché.

3. Les communautés de brevets et les organisations de mise en commun des brevets : un moyen de normalisation de *facto*

Les communautés de brevets ou de technologies sont définies au paragraphe 210 des lignes directrices européennes sur le transfert de technologies ([50]) comme des *"arrangements par lesquels deux ou plusieurs parties rassemblent un ensemble de technologies qui sont concédées sous licence non seulement aux contributeurs de la communauté, mais aussi à des tiers".*

Les pools technologiques peuvent, d'une part, prendre la forme de simples accords entre un nombre limité de parties ou, d'autre part, élaborer de véritables accords organisationnels en vertu desquels l'organisation de la concession de licences sur les technologies mises en commun est confiée à un organisme distinct. Il peut également y avoir plus d'un regroupement de technologies dans un secteur donné et, en outre, des regroupements qui se font concurrence.

Selon les lignes directrices sur le transfert de technologies, il n'y a pas de lien intrinsèque entre les pools de technologies et les normes, mais dans certains cas, les technologies regroupées dans le pool soutiennent entièrement ou partiellement une norme de *facto* ou de *jure*. Les pools de technologies qui soutiennent une norme industrielle ne soutiennent pas nécessairement une norme unique, car ces pools de technologies peuvent soutenir des normes concurrentes.[51]

Une entreprise qui contrôle une norme ou un ensemble de technologies peut en tirer des avantages considérables si le secteur "bascule" vers cette norme ou cette technologie en tant que norme industrielle. La téléphonie mobile, la télévision à haute

---

[50] Commission (CE), "Lignes directrices relatives à l'application de l'article 81 du traité CE aux accords de transfert de technologie" (communication), JO C 101 du 27 avril 2004.

[51] Ibid.

densité et la radiodiffusion numérique sont des exemples de secteurs où se déroule actuellement une véritable "bataille des normes". Un exemple concret est celui de l'industrie du DVD qui a opté pour la technologie Blu-Ray de Sony pour la prochaine génération de lecteurs DVD plutôt que pour la plateforme HD DVD de Toshiba.

4. Logiciels libres et normes ouvertes

Les logiciels libres sont des logiciels sous forme de code source que les utilisateurs sont libres de consulter, d'exécuter à toutes fins, de modifier de quelque manière que ce soit et de distribuer, tant le logiciel que toute modification de celui-ci.[52]

Joel West définit une norme comme "ouverte" si les "droits sur les normes sont mis à la disposition d'acteurs économiques autres que les sponsors". Il indique que ce transfert peut se produire si les droits sont abandonnés ou concédés, s'ils sont concédés sous licence à d'autres organisations ou s'ils ne sont pas protégés par la force de la loi comme, par exemple, un brevet. Toutefois, l'accès aux normes "ouvertes" peut être limité par des conditions d'adhésion du côté du créateur ou par des droits d'utilisation du côté de l'utilisateur.[53]

Par exemple, en 2005, IBM a annoncé le libre accès à 500 brevets logiciels d'IBM pour les personnes et les groupes travaillant sur des logiciels libres et a proposé de développer une communauté de brevets pour stimuler l'innovation dans ce domaine. Des annonces ultérieures ont mis à disposition des ensembles de brevets liés à l'utilisation des TIC dans les domaines de la santé et de l'éducation.

C. LA RELATION ENTRE LA PROPRIÉTÉ INTELLECTUELLE ET LES NORMES

a. La relation

Comme cela a déjà été mentionné à plusieurs reprises dans cette thèse, les normes (techniques) revêtent une importance croissante dans des domaines émergents clés tels que la communication sans fil, l'identification par radiofréquence, la mémoire (RAM), l'internet, le World Wide Web (www) et les processus d'entreprise. L'"effet de réseau",

---

[52] Robert Gomulkiewicz, "Open Source : Changing IP Transactions ?" (conférence à l'école de droit de l'université de Washington), présentée au Centre d'études de droit commercial de l'université Queen Mary de Londres, 2010.

[53] Shane Greenstein et Victor Stango (eds), *Standards and Public Policy,* (Cambridge University Press, Cambridge, 2005), 6.

en particulier dans le secteur des TIC, amplifie l'impact des normes.

Les DPI jouent un rôle important dans ce processus de normalisation en ce qui concerne les droits de propriété couvrant les solutions technologiques nécessaires à l'interopérabilité des produits et des services.

La propriété intellectuelle est de plus en plus protégée et est utilisée comme un outil stratégique dans le processus de normalisation. Par conséquent, les brevets affectent les normes et les normes affectent les brevets, et la stratégie en matière de normes alimente l'intérêt pour les brevets.

En général, la politique européenne de normalisation permet aux technologies protégées par des DPI d'être incorporées dans des normes ("normes propriétaires"). Certaines normes nécessaires à la fourniture de services et de biens sont limitées par des DPI considérés comme essentiels pour les normes. Le terme "DPI essentiel" signifie qu'il n'est pas possible, pour des raisons techniques (et non commerciales), de produire, vendre, importer, utiliser ou faire fonctionner des produits conformes à une norme sans enfreindre ce DPI. Toutefois, les DPI non essentiels peuvent également avoir de la valeur et être échangés contre des brevets essentiels par le biais d'accords de licences croisées.[54]

Les OEN sont confrontés à la difficulté de résoudre les conflits entre les DPI et les normes afin de garantir que les normes puissent être adoptées tout en respectant les DPI. La plupart des OEN exigent de leurs participants qu'ils renoncent à leurs droits de protection par brevet ou, plus couramment, qu'ils acceptent de concéder des licences sur les DPI sur une base équitable, raisonnable et non discriminatoire (FRAND).

Les questions stratégiques de l'industrie sont donc de savoir comment utiliser sa propriété intellectuelle de la meilleure façon possible afin de tirer le meilleur parti de ses DPI. Une entreprise participant à un processus de normalisation peut choisir d'autoriser ou de refuser l'utilisation de ses DPI considérés comme essentiels pour la norme, de retarder le processus de normalisation, de l'orienter en faveur de certaines entreprises ou de concéder des licences pour l'utilisation de ses DPI dans une norme à des conditions déraisonnables et injustes.

Le droit de la concurrence prévoit toutefois que la fixation de normes ne doit pas conduire à une restriction de la concurrence et doit reposer sur des procédures non

---

[54] Gary Lea et Peter Hall, "Standards and intellectual property rights : an economic and legal perspective" (2004) 16 Information Economics and Policy 67, 68.

discriminatoires, ouvertes et transparentes.

b. Stratégies industrielles : moyens possibles de tirer le meilleur parti des DPI et des normes

i. Stratégie de blocage

Lorsque le contenu technique d'une norme formelle entre dans le champ d'application d'un brevet, le titulaire du brevet peut bloquer la mise en œuvre de la norme. Ce conflit peut survenir de différentes manières.

Premièrement, lorsqu'un brevet plus ancien est incorporé dans une norme formelle plus récente, le détenteur du brevet peut empêcher d'autres personnes de se conformer à la norme plus récente. Deuxièmement, si une entreprise dépose une demande de brevet qui concerne le contenu technique d'une norme formelle plus ancienne et réussit à obtenir un brevet pour cette matière technique, le détenteur du brevet le plus récent a le droit de bloquer la norme formelle plus ancienne tant que le brevet n'a pas été révoqué.[55]

Premièrement, dans le cas d'une norme formelle plus récente et d'un brevet plus ancien, il convient de souligner qu'il n'y a conflit que si le brevet plus ancien est essentiel, c'est-à-dire s'il n'est pas possible, pour des raisons techniques, de produire, de vendre, d'importer, d'utiliser ou de faire fonctionner des produits conformes à la norme plus récente sans enfreindre le brevet plus ancien.

Deux stratégies principales de blocage sont possibles dans le cas d'un brevet plus ancien (norme plus jeune). Premièrement, le titulaire du brevet peut refuser d'accorder une licence pour la technologie nécessaire à la mise en œuvre de la norme formelle ou peut refuser d'accorder une licence à des conditions "équitables, raisonnables ou non discriminatoires" (FRAND). Ce scénario de "refus de licence" est illustré par les affaires *GSM*, *UMTS* et *MPEG-2*, qui seront examinées ultérieurement ; deuxièmement, le titulaire du brevet peut délibérément omettre d'identifier et de divulguer les droits de brevet jusqu'à l'adoption de la norme formelle incorporant sa technologie brevetée.

Le scénario du "défaut de divulgation" est illustré par l'affaire américaine *Dell...* Dans l'affaire *Dell Corporation*[56] [57] , la Commission fédérale du commerce (FTT) a intenté

---

[55] Johan Verbruggen et Anna Lorincz, "Patents and technical standards" (2002) IIC 33(2) 125, 135.

[56] Ibid, 135

[57] *Re Dell Corporation,* 20 mai 1996

une action contre Dell Corporation pour concurrence déloyale en vertu de la loi sur la Commission fédérale du commerce. En 1991, un brevet a été accordé à Dell pour une conception liée à un "bus" informatique[58] . En 1992, Dell a rejoint la Video Electronics Standards Association (VESA), un groupe de normalisation à but non lucratif composé de fabricants d'ordinateurs. Dell et d'autres membres de la VESA ont convenu d'adopter une conception de bus standard (le bus local VESA), qui incorporait la conception brevetée de Dell, mais au cours du processus de normalisation, Dell n'a pas fait référence à son brevet. Après l'adoption de la norme par la VESA, Dell a commencé à poursuivre les utilisateurs de la norme. La FTT a poursuivi Dell pour avoir abusé du processus de normalisation en ne divulguant pas ses droits de propriété intellectuelle. En fin de compte, Dell a conclu un accord par lequel il s'engageait à ne plus faire valoir son brevet à l'encontre des utilisateurs de la norme et à accorder une licence libre de redevances pour son brevet.[59]

Deuxièmement, il convient d'envisager le scénario dans lequel une entreprise dépose une demande de brevet portant sur le contenu technique d'une <u>norme plus ancienne</u>. Bien que ce scénario semble irréaliste puisque tout ce qui est mis à la disposition du public ne peut plus être breveté, du moins en Europe, il arrive la plupart du temps que toutes les informations échangées dans les groupes de travail sur les normes ne soient pas mises à la disposition du public. Tant que la confidentialité est la règle dans ces groupes de travail, la matière technique peut faire l'objet d'un brevet déposé ultérieurement.[60]

Par conséquent, si une entreprise parvient à déposer avec succès une demande de brevet pour un contenu technique issu d'un groupe de travail sur les normes auquel elle a probablement participé, elle peut empêcher d'autres entreprises de mettre en œuvre la norme après son adoption.

ii. Le processus de normalisation - les stratégies d'octroi de licences

Les normes peuvent jouer un rôle important pour les entreprises dans leur comportement vis-à-vis de leurs concurrents. L'entreprise qui développe une norme technique particulière dans le secteur des TIC peut bénéficier d'avantages considérables par rapport à d'autres, qui peuvent être amenés à adopter la norme de *facto* pour fournir certains produits ou services. Cette situation peut aboutir à une

---

[58] Un bus transporte des informations entre l'unité centrale de traitement de l'ordinateur et ses périphériques.

[59] Johan Verbruggen et Anna Lorincz, "Patents and technical standards" (2002) IIC 33(2) 125, 140 ; Alan Cunningham et Gary Lea, "Telecommunications, intellectual property, and standards", in Ian Walden (eds), *Telecommunications Law and Regulation,* (3rd edn, Oxford University Press, Oxford, 2009), 529.

[60] Ibid, 141

domination factuelle du marché pour l'entreprise qui fournit la norme.

Les entreprises qui disposent des ressources et des capacités nécessaires pour produire tout ou partie des composants d'un système technique ou d'un produit devraient, avant de se lancer dans la normalisation, prendre la décision <u>d'agir seules ou non.</u>

Selon Lea et Hall, la décision de faire cavalier seul dépend de plusieurs facteurs tels que l'aptitude technique de l'entreprise, sa capacité et l'aptitude attendue à obtenir des récompenses appropriées sous la forme d'une norme une fois celle-ci obtenue. Un autre facteur important est l'existence de DPI et la mesure dans laquelle ces DPI peuvent permettre à une entreprise d'obtenir une récompense appropriée, par exemple sous la forme de droits de licence.[61]

Comme indiqué précédemment, les normes peuvent contenir des DPI ("normes propriétaires"), ce qui renforce la position du développeur car il peut influencer le comportement des adoptants potentiels, mais peut également conduire à une augmentation de la "guerre des normes". Dans le cas d'une norme de marché, le titulaire des DPI peut refuser d'accorder une licence pour la technologie, et donc garder le marché pour lui à moins que d'autres ne développent des alternatives, accorder une licence à un coût relativement élevé (norme propriétaire restreinte), ou viser une large diffusion en accordant une licence à un coût peu élevé.[62]

Les "guerres des normes" peuvent également résulter de duels entre des normes concurrentes développées par des entreprises différentes. Le duel VHS/Betamax sur le marché des magnétoscopes est un cas bien connu, de même que le duel GSM (Global System for Mobile Communications) contre CDMA (CodeDivision Multiple Access) et TDMA (Time Division Multiple Access) pour les téléphones portables, IBM contre DEC (Digital Equipment Corporation) pour les mini-ordinateurs, Microsoft Word contre Word Perfect pour le traitement de texte, et US Robotics contre Rockwell pour les modems 56K.[63]

Les titulaires de DPI sont susceptibles de poursuivre une stratégie de licence optimale, c'est-à-dire la plus rentable. Grindley[64] a réalisé un certain nombre d'études de cas sur

---

[61] Gary Lea et Peter Hall, "Standards and intellectual property rights : an economic and legal perspective" (2004) 16 Information Economics and Policy 67, 75.

[62] Isabelle Liotard et Rudi Bekkers, "European standards for mobile communications : the tense relationship between standards and intellectual property rights" (1999) 21 (3) E.I.P.R. 110, 114.

[63] Shane Greenstein et Victor Stango (eds), *Standards and Public Policy,* (Cambridge University Press, Cambridge, 2005), 3.

[64] Peter Grindley, *Standards, strategy and policy : cases and stories* (Oxford University Press, Oxford, 1995).

les stratégies de normalisation, y compris les aspects liés à l'octroi de licences de DPI. Il affirme que les principaux objectifs d'une stratégie sont 1) la création d'une norme commune, largement adoptée, 2) la maximisation des rendements pour l'entreprise individuelle et 3) une concurrence efficace une fois que les normes sont établies. Bien que les deuxième et troisième objectifs puissent bénéficier de redevances de licence élevées, le premier objectif oblige le titulaire des DPI à ne demander que des redevances modestes et conduit généralement à des conditions de licence non discriminatoires et équitables.

En ce qui concerne les processus de normalisation, Bekkers et Liotard distinguent trois phases différentes qui s'accompagnent chacune d'une stratégie : la phase de discussion préalable à la normalisation, la phase de production de la norme et la phase de diffusion de la norme :[65]

Au cours de la phase de discussion pré-normative, les fabricants passent en revue les différentes options technologiques, en se concentrant toujours sur les inventions brevetables ou protégeables. Les stratégies importantes pour les titulaires (potentiels) de DPI au cours de cette phase sont les suivantes :
(1) Stratégie de brevetage de l'architecture générale : cette stratégie se concentre sur les connaissances brevetables de la norme en question ; la question se pose de savoir quels éléments de la norme peuvent être protégés par des DPI.
(2) Stratégie de brevetage en champ de mines : cette stratégie consiste à breveter un grand nombre de petites conceptions technologiques afin d'éviter les contournements.
(3) Stratégie du secret commercial : cette stratégie permet de garder secrets tous les résultats de la R&D.
(4) Stratégie des demandes trompeuses : cette stratégie se concentre sur le brevetage et la publication de certaines inventions, très probablement de petite taille, qui pourraient mettre les concurrents sur une fausse piste.

Au cours de la phase de production de la norme, il faut essayer de s'assurer qu'un certain DPI sera incorporé dans la norme. Du point de vue d'une entreprise qui possède des DPI susceptibles de devenir essentiels pour une norme, il existe un certain nombre de stratégies possibles, comme le soulignent Bekkers et Liotard :
(1) Licence avec stratégie de déclaration générale : cette stratégie annonce la propriété de DPI essentiels potentiels et déclare que des licences seront disponibles sur une base FRAND.
(2) Licence sans stratégie générale : cette stratégie implique que l'on annonce la

---

[65] Isabelle Liotard et Rudi Bekkers, "European standards for mobile communications : the tense relationship between standards and intellectual property rights" (1999) 21 (3) E.I.P.R. 110, 117.

propriété du DPI essentiel potentiel mais qu'aucune déclaration ne soit faite sur les conditions de la licence.

(3) Stratégie de rétention : choix de ne pas accorder de licence pour le DPI mais de le déployer pour d'autres normes.

(4) Stratégie de non-divulgation ou de divulgation tardive : ne pas informer les autres parties de l'existence d'un DPI.

Au cours de la <u>phase de diffusion de la norme, les </u>entreprises qui ont obtenu les DPI essentiels pour une norme peuvent à nouveau opter pour plusieurs stratégies :

(1) Exiger des contreparties non financières en échange de licences, telles que des licences croisées pour d'autres DPI, qui peuvent concerner à la fois des brevets essentiels et non essentiels.

(2) La non-divulgation, c'est-à-dire le fait d'attendre que d'autres entreprises mettent des produits sur le marché et d'invoquer ensuite des violations de ses DPI.

(3) Retarder les demandes de licences et, par conséquent, rendre plus difficile l'entrée des concurrents sur les marchés.

(4) Construire des conditions discriminatoires pour les candidats.

(5) Refuser de délivrer des licences à tous les demandeurs ou à certains d'entre eux, ou exiger des licences onéreuses.

L'affaire *Wang est* un exemple américain de non-divulgation de ses DPI. Dans l'affaire *Wang v Mitsubishi*[66] , le requérant Wang Laboratories, Inc. a poursuivi Mitsubishi Electronics America, Inc. pour la violation de deux brevets. Mitsubishi a intenté une action en jugement déclaratoire et le tribunal de district a accordé à Mitsubishi un jugement sommaire partiel de non-violation d'un brevet. Un jury a ensuite conclu que les deux brevets n'étaient pas invalides et que Mitsubishi avait littéralement contrefait l'autre brevet. Toutefois, le jury a conclu que le comportement de Wang dans ses relations avec Mitsubishi créait <u>une licence implicite de </u>Wang à Mitsubishi pour la pratique de l'invention revendiquée dans le brevet, <u>car Wang a activement incité Mitsubishi à dépenser l'argent nécessaire pour développer et fabriquer un nouveau produit et seulement après que le produit soit devenu la norme industrielle, il a poursuivi Mitsubishi en justice.</u>

D'autre part, les entreprises peuvent, à côté du comportement à sens unique, se comporter de manière coopérative par le biais d'<u>entreprises communes, de consortiums ou d'autres alliances. Les </u>entreprises choisiront de former des alliances entre elles

---

[66] *Wang v Mitsubishi*, Cir Ct App 1997, 3 janvier 1997

<http://www.ll.georgetown.edu/federal/judicial/fed/opinions/95opinions/95-1276.html> dernière visite le 4 août 2010

lorsqu'elles pensent qu'il existe des opportunités rentables qu'elles ne pourraient pas exploiter autrement, par exemple lorsque d'autres entreprises possèdent des connaissances et des capacités complémentaires nécessaires pour produire une certaine technologie et finalement obtenir une norme.

Un exemple concret de coopération est celui des banques qui ont formé des réseaux de distributeurs automatiques partagés (tels que Star, Plus et Cirrus) en tant qu'entreprises communes afin d'internaliser l'avantage de réseau associé au fait de permettre aux clients d'accéder aux distributeurs automatiques de n'importe quelle banque.[67]

Une autre possibilité de coopération est une opération ou une série d'opérations dans le cadre desquelles un titulaire de DPI acquiert d'autres DPI nécessaires pour compléter sa couverture d'une technologie par <u>achat direct ou par rachat d'entreprise</u>. La coopération peut également exister sous une forme plus limitée dans les cas de <u>"concession de licences" de DPI,</u> où le titulaire de la licence peut être une entité commercialement plus puissante que le donneur de licence et est donc en mesure de dicter des conditions de licence extrêmement favorables.[68] Un bon exemple de ce dernier scénario est l'acquisition par Microsoft des DPI associés au navigateur web de Spyglass Inc. en 1995, afin de fournir la base de ce qui est devenu plus tard Windows Internet Explorer.

c. A ne pas négliger par l'industrie : Droit communautaire de la concurrence

Les DPI confèrent des droits exclusifs à leurs titulaires, tandis que le droit de la concurrence s'efforce de maintenir le marché ouvert. Les deux règles fondamentales du droit communautaire de la concurrence sont les articles 101 et 102 du traité CE (anciens articles 81 et 82 du traité CE).

En général, la politique européenne de normalisation permet d'incorporer dans les normes des technologies propriétaires protégées par des droits de propriété intellectuelle. Toutefois, le droit communautaire de la concurrence stipule que la normalisation ne peut conduire à une restriction de la concurrence et doit toujours être basée sur des procédures non discriminatoires, ouvertes et transparentes.

L'article 101 du traité CE régit les accords entre entreprises, ce qui signifie que les activités de mise en commun de brevets ou de licences croisées dans le cadre de

---

[67] Shane Greenstein et Victor Stango (eds), *Standards and Public Policy,* (Cambridge University Press, Cambridge, 2005), 7.

[68] Gary Lea et Peter Hall, "Standards and intellectual property rights : an economic and legal perspective" (2004) 16 Information Economics and Policy 67, 75.

l'élaboration de normes pourraient faire l'objet d'un examen minutieux, ce qui pourrait entraîner l'octroi d'une licence obligatoire ou d'une ordonnance similaire par la Commission européenne. L'existence d'un comportement abusif de la part des détenteurs de DPI qui occupent une position dominante dans l'industrie des TIC peut entraîner un comportement anticoncurrentiel et, par conséquent, l'application de l'article 102 du traité CE.[69]

Ce qui est important, c'est que les organismes européens de normalisation reconnus par la directive 98/34/CE sont soumis au droit de la concurrence dans la mesure où ils peuvent être considérés comme une entreprise ou une association d'entreprises au sens des articles 101 et 102 du traité CE.

i. Article 101 du traité CE

Les organisations de mise en commun des brevets ou les *consortiums de* télécommunications, fondés pour maximiser l'importance stratégique des DPI dans le contexte de l'élaboration des normes, peuvent faire l'objet de restrictions en vertu du droit de la concurrence de la Communauté européenne.[70]

La principale disposition du droit communautaire de la concurrence concernant les licences de brevet et autres accords d'exploitation est l'article 101, paragraphe 1, du traité CE, qui stipule que tous les accords qui affectent le commerce entre États membres et qui ont pour objet ou pour effet de fausser la concurrence à l'intérieur du marché commun sont nuls et non avenus. L'article 101(1) a été appliqué aux restrictions intra-technologiques et inter-technologiques dans les licences de brevets et autres ; en d'autres termes, l'article 101(1) s'applique à la fois aux restrictions de concurrence entre les parties à un accord et aux restrictions de concurrence entre l'une ou l'autre des parties et des tiers.

Comme indiqué précédemment, un regroupement de technologies peut soutenir une norme de *facto* ou de *jure* et éventuellement entraîner une réduction de l'innovation en excluant les technologies alternatives. Le paragraphe 213 des lignes directrices sur le transfert de technologies stipule ce qui suit :

> *"La création d'un regroupement de technologies implique nécessairement la vente en commun des technologies regroupées, ce qui, dans le cas de regroupements composés uniquement ou principalement de technologies de*

---

[69] Alan Cunningham et Gary Lea, "Telecommunications, intellectual property, and standards", dans Ian Walden (eds), *Telecommunications Law and Regulation,* (3rd edn, Oxford University Press, Oxford, 2009), 527.

[70] Ibid, 531.

*substitution, équivaut à une entente sur la fixation des prix. En outre, outre le fait qu'ils réduisent la concurrence entre les parties, les accords de regroupement de technologies peuvent également, en particulier lorsqu'ils soutiennent une **norme industrielle**, entraîner une réduction de l'innovation en excluant d'autres technologies. L'existence de la norme et de l'accord de regroupement de technologies qui lui est associé peut rendre plus difficile l'entrée sur le marché de technologies nouvelles et améliorées".*

Une forme subtile de coordination horizontale susceptible de relever de l'article 101 est celle où l'industrie établit des normes techniques pour permettre l'*interopérabilité* des réseaux. L'établissement de normes industrielles qui ne sont pas "ouvertes" à tous les usages, ou dont les membres de l'industrie cherchent à revendiquer la propriété des brevets ou des droits d'auteur de la norme ou même de certains de ses éléments, ou de l'interface, a été considéré comme relevant de l'article 101.

Le point essentiel est que lorsque des interfaces ou des normes techniques sont développées par une industrie pour s'appliquer à l'ensemble de l'industrie, elles doivent être ouvertes à tous ceux qui les utilisent et être mises à disposition à des conditions équitables, raisonnables et non discriminatoires, qu'il s'agisse de paiement ou autre.[71]

Si l'objectif de la communauté de brevets consiste à regrouper sa propriété intellectuelle et que, par conséquent, elle décide de ne pas accorder de licences pour faire avancer le processus de normalisation comme elle le souhaite, elle peut agir de manière anticoncurrentielle.[72] Dans l'affaire *Video Cassette Recorders Agreements*, la Commission a empêché la mise en place d'un système de regroupement de brevets, car les accords conclus entre les parties tombaient sous le coup de l'article 101, paragraphe 1, car ils restreignaient la concurrence dans la Communauté européenne, étant donné que 1) les parties étaient tenues de respecter les normes techniques uniformes pour la fabrication de magnétoscopes, ce qui signifiait qu'elles étaient obligées de ne fabriquer et de ne distribuer que des cassettes et des enregistreurs conformes aux systèmes de magnétoscopes concédés sous licence par Philips et que 2) les dispositions relatives aux licences prévoyaient que les parties s'accordaient mutuellement des licences exemptes de redevances, non exclusives et non transférables pour certains de leurs brevets, mais que si une partie mettait fin à son accord, elle perdait les licences qu'elle

---

[71]Edward Pitt et Robin Morton-Fincham, "Competition law in telecommunications", dans Ian Walden (eds),
Telecommunications Law and Regulation, (3rd edn, Oxford University Press, Oxford, 2009), 452.

[72] Alan Cunningham et Gary Lea, "Telecommunications, intellectual property, and standards", dans Ian Walden (eds),
Telecommunications Law and Regulation, (3rd edn, Oxford University Press, Oxford, 2009), 531.

avait en vertu de son statut de partie à l'accord.[73]

Toutefois, dans des cas exceptionnels, les accords technologiques sont exemptés de l'application de l'article 101 du traité CE ; l'exemption par catégorie la plus importante pour les licences de brevet se trouve dans le règlement européen d'exemption par catégorie en faveur du transfert de technologie (règlement d'exemption par catégorie)[74], qui est expliqué plus en détail dans les lignes directrices sur l'application de l'article 101 du traité CE aux accords de transfert de technologie (ci-après dénommées "lignes directrices sur le transfert de technologie").

Le règlement sur les accords de transfert de technologie précise toutefois explicitement qu'il ne s'applique pas aux accords de regroupement de technologies lorsque ceux-ci restreignent la concurrence. Néanmoins, les licences accordées par l'accord de regroupement à un tiers peuvent ne pas enfreindre du tout l'article 101, paragraphe 1, ou bénéficier d'une exemption par catégorie si les conditions mentionnées sont remplies[75].

Comme le soulignent Cunningham et Lea, l'influence du RBTT sur les communautés de brevets peut, à l'instar de l'article 101, paragraphe 1, du traité CE, être distinguée entre ce qu'il stipule concernant les accords établissant des communautés de brevets et ce qu'il stipule concernant les licences délivrées par les communautés de brevets à des tiers.

Afin d'autoriser une communauté de brevets susceptible de couvrir une norme, les autorités réglementaires doivent examiner trois questions conformément aux lignes directrices sur le transfert de technologies : la nature des technologies mises en commun, l'évaluation des restrictions individuelles et le cadre institutionnel régissant la communauté de brevets.

Comme le soulignent Cunningham et Lea, la Commission semble favorable à l'adoption d'une approche fondée *sur la règle de raison,* qui explore la perte de concurrence et l'effet des activités du consortium dans l'établissement d'une norme par rapport à d'éventuelles pertes de liberté de concurrence. Les consortiums et autres organismes de *facto* sont simplement des réactions nécessaires aux problèmes auxquels

---

[73] Ibid ; *accords sur les magnétoscopes* [1978] JO L 47/42.

[74] Règlement (CE) n° 772/2004 de la Commission du 27 avril 2004 concernant l'application de l'article 81, paragraphe 3, du traité à des catégories d'accords de transfert de technologie

[75]Ibid ; Richard Whish, *Competition Law,* (6th edn, Oxford University Press, Oxford, 2008), 782.

sont confrontés les OEN traditionnels.[76]

D'autre part, les regroupements de technologies peuvent également être favorables à la concurrence, par exemple lorsqu'une entreprise qui a besoin d'accéder à la technologie du regroupement bénéficie d'un "guichet unique", en ne traitant qu'avec le regroupement au lieu de devoir négocier individuellement avec un certain nombre de propriétaires différents. De même, la Commission a autorisé un regroupement de technologies dans l'affaire *MPEG-2*[77] .

La communauté de brevets MPEG-2 rassemble les brevets couvrant la norme MPEG-2[78] . Le pool a réussi à dissiper les préoccupations antitrust avec une approbation de facto des autorités réglementaires en n'incluant que des brevets essentiels et complémentaires, ce qui est l'un des principaux déterminants de l'approbation des pools de brevets. Dans ce cas également, le groupement a accepté d'autoriser l'accès à la technologie mise en commun sur une base non discriminatoire et non exclusive.[79]

Un consortium de brevets similaire est lié à la téléphonie mobile 3G, le 3G3P (3G Patent Platform Partnership). Ce partenariat a été créé dans le but d'organiser l'octroi systématique et organisé de brevets essentiels pour la normalisation 3G, et a été approuvé par la Commission car le 3G3P n'a pas été créé sur une base anticoncurrentielle. De même, dans l'affaire X/Open, la Commission a approuvé les activités d'un groupe de sociétés informatiques visant à établir une plate-forme d'application commune pour le système d'exploitation Unix.[80]

Enfin, il convient de se référer aux lignes directrices sur l'applicabilité de l'article 101 du traité CE aux accords de coopération horizontale.[81] Tout organisme de normalisation devra se conformer à ces lignes directrices. Un projet de nouvelles lignes

---

[76] Alan Cunningham et Gary Lea, "Telecommunications, intellectual property, and standards", dans Ian Walden (eds), *Telecommunications Law and Regulation,* (3rd edn, Oxford University Press, Oxford, 2009), 533.

[77] *MPEG-2,* [1998] JO C 229/19 ; Richard Whish, *Competition Law,* (6th edn, Oxford University Press, Oxford, 2008), 783 ; Alan Cunningham et Gary Lea, "Telecommunications, intellectual property, and standards", in Ian Walden (eds), *Telecommunications Law and Regulation,* (3rd edn, Oxford University Press, Oxford, 2009), 533.

[78] Le format MPEG-2 est largement utilisé pour les signaux de télévision numérique diffusés par les systèmes de télévision terrestres (hertziens), par câble et par satellite. Il spécifie également le format des films et autres programmes distribués sur DVD et autres disques similaires. C'est pourquoi les chaînes de télévision, les récepteurs de télévision, les lecteurs de DVD et d'autres équipements sont souvent conçus en fonction de cette norme.[78]

[79] Organisation de coopération et de développement économiques (OECC) "Valorisation et exploitation de la propriété intellectuelle" (30 juin 2006), analyse statistique de la science, de la technologie et de l'industrie (STI), document de travail 2006/5, 15.

[80] Alan Cunningham et Gary Lea, "Telecommunications, intellectual property, and standards", dans Ian Walden (eds), *Telecommunications Law and Regulation,* (3rd edn, Oxford University Press, Oxford, 2009), 533.

[81] Lignes directrices sur l'applicabilité de l'article 81 aux accords de coopération horizontale [2001] JO C3/2.

directrices sur les accords de coopération horizontale a été publié le 4 mai 2010, avec un chapitre spécifique (chapitre 7) sur les accords de normalisation.

Les nouvelles lignes directrices sur les accords de coopération horizontale sont applicables à l'utilisation de conditions générales de vente ou d'achat élaborées par une association professionnelle ou directement par des entreprises concurrentes, dans la mesure où elles établissent des conditions générales de vente ou d'achat entre concurrents et consommateurs pour des produits de substitution.

Selon les nouvelles lignes directrices sur les accords de coopération horizontale, les clauses standard peuvent avoir des effets restrictifs sur la concurrence en limitant le choix des produits et l'innovation. Si une grande partie d'un secteur adopte les clauses standard et choisit de ne pas s'en écarter au cas par cas, les clients pourraient n'avoir d'autre choix que d'accepter ces clauses.

ii. Article 102 du traité CE

L'article 102 du traité CE interdit l'abus de position dominante.

Lorsqu'une entreprise participant à l'élaboration d'une norme possède un brevet essentiel, toute personne souhaitant se conformer à la norme devra obtenir une licence de cette entreprise. Dans ce cas, une infraction à l'article 102 du traité CE pourrait être établie par le refus de l'entreprise détentrice du brevet essentiel de concéder une licence à des conditions raisonnables et non discriminatoires, ou par la dissimulation délibérée de ce fait au cours de la procédure d'élaboration de la norme.[82]

De même, le droit de la concurrence peut exiger d'un détenteur de droits d'auteur qu'il concède des licences à d'autres opérateurs.[83] Un opérateur détient une position dominante lorsqu'il dispose d'une puissance économique qui lui permet de se comporter, dans une mesure appréciable, indépendamment de ses concurrents, de ses

---

[82] Richard Whish, *Competition Law*, (6th edn, Oxford University Press, Oxford, 2008), 782.

[83] Ce faisant, le droit de la concurrence ne viole pas l'Accord sur les ADPIC car une disposition spéciale est prévue dans l'Accord sur les ADPIC : l'article 40(2), qui stipule ce qui suit : *"Aucune disposition du présent accord n'empêchera les Membres de spécifier dans leur législation des pratiques ou conditions en matière de licences qui pourront, dans des cas particuliers, constituer un abus des droits de propriété intellectuelle ayant un effet défavorable sur la concurrence sur le marché pertinent. Comme il est prévu ci-dessus, un Membre pourra adopter, en conformité avec les autres dispositions du présent accord, des mesures appropriées pour prévenir ou contrôler ces pratiques, qui pourront comprendre par exemple des conditions de rétrocession exclusive, des conditions empêchant les contestations de validité et des licences globales coercitives, à la lumière des lois et réglementations pertinentes de ce Membre"* ; Lionel Bentley et Brad Sherman, *Intellectual Property Law*, (3th edn, Oxford University Press, Oxford, 2009), 286.

clients et des consommateurs.[84]

En 1989, la Commission a conclu dans l'affaire *Magill* ([85]) que trois sociétés de télévision avaient abusé de leur position dominante individuelle en ce qui concerne leurs propres listes de programmes télévisés en refusant de fournir ces listes à Magill, un éditeur qui avait besoin d'une licence pour publier les listes des trois sociétés de télévision. La Cour européenne de justice a finalement confirmé la décision et, par conséquent, le concept juridique de licence obligatoire a été introduit en vertu de l'article 102 du traité CE, ce qui pourrait être considéré comme une application de la "doctrine des facilités essentielles", qui trouve son origine aux États-Unis.

Une affaire européenne plus récente est l'*affaire IMS Health,* dans laquelle la CJCE a décidé que le refus d'une entreprise en position dominante d'accorder une licence de droits d'auteur peut, dans certaines circonstances, constituer un abus de position dominante. IMS et NDC sont deux entreprises impliquées dans le suivi des ventes de produits pharmaceutiques et de soins de santé. IMS a mis au point une structure protégée par le droit d'auteur pour présenter ses rapports sur les ventes de médicaments qu'elle vendait en Allemagne à des sociétés pharmaceutiques. Le modèle d'IMS est devenu en quelque sorte une norme puisqu'il a été non seulement vendu mais aussi distribué gratuitement aux institutions médicales en Allemagne. Cependant, NDC a commencé à utiliser la même méthode, en déclarant qu'elle était courante et qu'elle avait demandé au préalable à IMS une licence de droit d'auteur, qui lui avait été refusée. La Commission a ordonné une licence obligatoire à titre de mesure provisoire.

Dans l'affaire *Magill*, la CJCE a finalement jugé que, pour que le refus d'une entreprise titulaire d'un <u>droit d'auteur de</u> donner accès à un produit ou à un service indispensable à l'exercice de son activité, trois critères doivent être remplis pour que l'on puisse considérer qu'il y a abus. Premièrement, l'entreprise qui demande la licence doit avoir l'intention d'offrir de nouveaux produits ou services qui ne sont pas proposés par le titulaire du droit d'auteur et pour lesquels il existe une demande potentielle de la part des clients. Deuxièmement, le refus ne peut être justifié par des considérations objectives. Troisièmement, le refus doit être de nature à réserver au titulaire du droit d'auteur le marché en cause en éliminant toute concurrence sur ce marché. Toutefois, dans cette affaire, la CJCE a annulé la mesure provisoire d'une licence obligatoire, qui avait été ordonnée par la Commission. [86]

La très récente affaire *Microsoft* couvre non seulement les <u>droits d'auteur, mais aussi</u>

---

[84] Affaires C-395 et 396/96 *Compagnie Maritme Belge Transports et autres contre Commission* [2000].

[85] *Magill TVGuide/ITP, BBC et RTE* [1989] JO 4 CMLR 757.

[86] Affaire C-418/01 *IMS Health Gmbh & Co OHG contre NDC Health GmbH & Co KG* [2004].

les brevets et le savoir-faire. La Commission[87] a estimé que Microsoft était en position dominante sur deux marchés : l'un pour les systèmes d'exploitation pour ordinateurs personnels et l'autre pour les systèmes d'exploitation pour serveurs de groupe de travail. Dans le cadre de cette thèse, la Commission a estimé que Microsoft avait abusé de sa position dominante en refusant de fournir à ses concurrents des *informations sur l'interopérabilité* afin de leur permettre de développer et de distribuer des produits susceptibles de concurrencer ceux de Microsoft sur le marché des serveurs.

Les conclusions et l'amende de la Commission ont été confirmées en appel devant le TPI dans l'affaire *Microsoft/Commission*[88] ; le TPI a examiné les affaires *Magill* et *IMS Health* et a conclu que ce n'est que dans des circonstances exceptionnelles que l'exercice du droit exclusif par le titulaire du droit de propriété intellectuelle peut donner lieu à un abus de position dominante lorsque trois conditions sont remplies. Premièrement, le refus porte sur un produit ou un service *indispensable* à l'exercice d'une activité particulière sur un marché voisin. Deuxièmement, le refus est de nature à *exclure toute concurrence* effective sur ce marché voisin. Troisièmement, le refus *empêche l'*apparition d'un **nouveau produit** pour lequel il existe une demande potentielle des consommateurs.

La première condition est que l'actif doit être *indispensable* au fonctionnement de l'activité d'une autre entreprise. On peut citer l'exemple d'IMS *Health, qui avait mis* au point la "structure en briques", avec l'aide des sociétés pharmaceutiques, et qui est devenue une norme de *facto*, dont l'utilisation est indispensable pour d'autres sociétés impliquées dans le suivi des ventes de produits pharmaceutiques et de soins de santé, auxquelles la norme devrait être concédée sur une base obligatoire.

Dans l'affaire Microsoft, le TPI a conclu que le seuil de nouveaux produits devait être compris comme incluant une restriction du développement technique, dans l'affaire *Microsoft*, le développement de systèmes d'exploitation se distinguant des systèmes Windows déjà sur le marché. La Commission et le TPI ont tous deux ordonné à Microsoft de mettre à la disposition des parties intéressées les "informations relatives à l'interopérabilité" de ses systèmes de serveurs de groupe de travail.[89]

L'affaire du *livre orange* allemand concerne le scénario dans lequel une entreprise

---

[87] *Microsoft* [2004] COMP/C 3-37.792.

[88] Affaire T-201/04 *Microsoft* [2007]

[89] Les "systèmes de serveurs de groupe de travail" sont des systèmes qui connectent les PC les uns aux autres, à des serveurs communs et à des imprimantes afin qu'ils puissent partager des fichiers et des imprimantes et fonctionner comme des réseaux efficaces et sécurisés ; Lionel Bentley et Brad Sherman, *Intellectual Property Law*, (3e édition, Oxford University Press, Oxford, 2009), 289.

produit un certain produit TIC, qui est conforme à la norme pertinente, mais où cette entreprise n'a pas de licence pour utiliser la propriété intellectuelle qui fait partie de la norme et que l'entreprise utilise dans ses produits.

La Cour fédérale allemande ("das Bundesgerichtshof") s'est prononcée sur cette question. Philips et Sony avaient développé le CD-R[90], dont la technologie est devenue une norme, et avaient convenu d'accorder une licence pour les brevets sur lesquels le CD-R était basé. Cependant, un certain nombre d'entreprises utilisaient les brevets de Philips et de Sony sans avoir obtenu de licence, et ont donc été poursuivies par Philips.[91]

Les défendeurs ont fait valoir que le demandeur avait abusé de sa position dominante conformément à l'article 102 du traité CE. Selon la Cour fédérale allemande, cet argument ne peut être valable que si deux conditions sont remplies. Premièrement, le licencié (potentiel) a fait une offre irrévocable de licence à des conditions équitables, raisonnables et non discriminatoires (FRAND) qui ne pouvait être rejetée par le titulaire du brevet sans commettre un comportement abusif au sens de l'article 102 du traité CE. Deuxièmement, le preneur de licence (potentiel) paie la redevance raisonnable au donneur de licence hypothétique ou la dépose sur un *compte bloqué* pour la période pendant laquelle il utilise ou a utilisé la technologie couverte par le brevet sans licence. Si la première condition semble être remplie assez facilement dans des cas similaires, le preneur de licence potentiel sera confronté à des problèmes majeurs pour satisfaire à la seconde condition. À l'heure actuelle, la signification de FRAND n'est pas claire et, en particulier, on ne sait pas si un taux de redevance est raisonnable ou non.[92]

Dans un jugement très récent d'un tribunal civil néerlandais[93] (le tribunal des brevets de La Haye), le tribunal néerlandais déclare que la décision allemande Orange-Book ne peut pas être appliquée aux Pays-Bas, car il estime que la voie Orange-Book allemande est contraire au droit des brevets, qu'elle crée une incertitude juridique et qu'elle est finalement inutile pour protéger les intérêts du défendeur. La conclusion selon laquelle la décision Orange-Book est contraire au droit des brevets est étayée par

---

[90] Un **CD-R** *(Compact Disc-Recordable)* est une variante du Compact Disc inventé par Philips et Sony. La spécification du CD-R, initialement appelé CD **Write-Once** (WO), a été publiée pour la première fois en 1988 par Philips et Sony dans le "Orange Book". L'Orange Book se compose de plusieurs parties, fournissant des détails sur le CD-WO, le CD-MO (Magneto Optic), et le CD-RW (**Rewritable**) <http://en.wikipedia.org/wiki/CD-R> dernière visite le 8 août 2010.

[91] Affaire *Orange Book* KZR 39/06, 6 mai 2009.

[92] Stephan Dorn, "Green-Orange-Red, the German Orange Book decision is putting industry on alert" (Commentaire pour IPEG le 14 septembre 2009) <http://www.ipeg.eu/blog/?p=733> dernière visite le 4 août 2010.

[93] Cour de justice de La Haye, section droit civil, 17 mars 2010.

le raisonnement des tribunaux selon lequel l'appel d'un défendeur à une licence FRAND ne peut justifier la poursuite de la contrefaçon de brevet.

La Cour établit un parallèle avec le système néerlandais de licences obligatoires, en vertu duquel le demandeur d'une licence obligatoire n'a aucun droit (de licence) tant qu'un accord de licence n'a pas été conclu ou que le tribunal n'a pas statué en faveur du demandeur. En outre, empêcher un titulaire de brevet de faire valoir ses droits en raison d'une revendication de licence FRAND créerait une incertitude juridique ; après tout, tant que la revendication de licence FRAND n'a pas encore donné lieu à un accord de licence, il n'est pas certain que cette revendication soit justifiée, ni que les conditions et le taux de redevance soient qualifiés de FRAND, etc.

Une solution telle que celle suggérée par la Cour suprême allemande dans sa décision sur le livre orange n'est pas non plus nécessaire, estime le tribunal néerlandais, car il incombe à l'entité qui souhaite s'engager dans l'exploitation d'une technologie brevetée d'ouvrir la voie et de demander en temps utile une licence FRAND. En outre, si le titulaire du brevet refuse de s'engager dans un accord de licence FRAND, une procédure d'injonction provisoire pourrait être engagée pour que le titulaire du brevet conclue l'accord de licence FRAND ou que le tribunal ordonne le remplacement de la signature du titulaire du brevet dans le cadre de l'accord de licence FRAND. Enfin, la constatation d'une contrefaçon de brevet n'empêcherait pas le candidat à la licence de demander au tribunal de lever l'injonction et de verser des dommages-intérêts, s'il s'avérait que la demande de licence FRAND était justifiée (dans le cadre d'une procédure distincte).[94]

D. EXEMPLES DE SECTEURS D'ACTIVITÉ

a. GSM[94] et UMTS[95] [96]

L'élaboration de la norme Global System (ou standard) for Mobile (GSM) est l'une des normes les plus connues de l'industrie des TIC et offre une bonne occasion d'examiner le comportement stratégique concernant les DPI dans la pratique. La norme elle-même est devenue une norme européenne : La directive 87/372 du Conseil contient une réservation contraignante de la largeur de bande dans la bande des 900 MHz

---

[94] Isabelle Liotard et Rudi Bekkers, "European standards for mobile communications : the tense relationship between standards and intellectual property rights" (1999) 21 (3) E.I.P.R. 110, 122.

[95] Rudi Bekkers et Joel West, "The Limits to IPR Standardization Policies as Evidenced by Strategic Patenting in UMTS" (2009), Telecommunications Policy 33 (2009) 80-97.

exclusivement pour le système GSM.

D'une part, les opérateurs de réseaux ont tenté en vain d'obtenir des licences gratuites pour les droits de propriété intellectuelle de la norme. D'autre part, les fournisseurs européens de GSM se sont opposés à toute norme dépourvue de stratégies de protection des DPI, car cela pourrait ouvrir le marché à la concurrence japonaise.

Un certain nombre de DPI essentiels relatifs à la technologie GSM de base étaient détenus par des sociétés américaines telles que Motorola. La stratégie de Motorola consistait à n'autoriser que des licences croisées avec des entreprises européennes, et non des licences avec contrepartie monétaire, afin d'obtenir des droits d'utilisation sur les DPI des fabricants européens.

---

[94] Pour la version originale néerlandaise de l'arrêt : <http://www.ipeg.eu/blog/wp-content/uploads/100317-Rb- Dh-Philips-Kassetten.pdf > dernière visite le 4 août 2010 ; Francis van Velsen et Bas Berghuis, "Dutch Court to Differ from German Orange Book Decision" (Commentaire pour IPEG le 19 mars 2010) <http://www.ipeg.eu/blog/?p=1063> dernière visite le 4 août 2010.

Les parties qui ont lourdement investi dans la R&D pour obtenir des brevets et qui ont ensuite conclu des accords de licences croisées entre elles ("clubs de propriété ou de mise en commun de brevets") ont désormais un accès bon marché aux DPI et peuvent rester compétitives sur le marché, tandis que les nouveaux arrivants doivent payer chaque redevance de licence.

La norme de téléphonie mobile la plus récente est l'UMTS, la technologie de téléphonie mobile de troisième génération développée sous l'égide de l'ETSI. En 1994, l'ETSI a proposé sa politique éventuelle, le modèle dit (F)RAND, qui a été adopté par la plupart des organismes officiels de normalisation.[97]

Le cas de l'UMTS illustre le conflit entre les anciens brevets et les nouvelles normes techniques formelles. Les deux organismes officiels de normalisation, l'UIT et l'ETSI, avaient élaboré des normes différentes : L'UIT, le système CDMA2000 basé sur les intérêts de Qualcomm, et l'ETSI, le système dit UMTS soutenu par la société suédoise Ericsson. En juin 1998, Qualcomm, propriétaire d'un grand nombre de droits de propriété intellectuelle essentiels pour la norme UMTS, a refusé d'accorder une licence pour sa technologie à ses concurrents européens, mais un groupe d'opérateurs européens a fini par forcer la conclusion d'un accord.

Qualcomm et Ericsson se sont mis d'accord sur des conditions de licence communes pour l'échange mutuel de leurs technologies par le biais d'accords de licences croisées et sur le soutien conjoint d'une norme unique de téléphonie mobile de troisième génération qui englobe trois modes de fonctionnement optionnels. Les deux opérateurs se sont également engagés à accorder des licences sur leurs brevets essentiels (couverts par la norme unique) aux autres acteurs du secteur à des conditions FRAND.

b. Pomme

Au cours des années 1980 et au début des années 1990, Apple a fait le choix stratégique constant de protéger fortement sa propriété intellectuelle. La distribution de ses produits a parfois été entravée par le manque de logiciels d'application, qui s'expliquait en partie par les règles strictes d'Apple en matière de distribution de matériel pour les développeurs de logiciels ; Apple refusait d'autoriser les sociétés de vente par correspondance à vendre Inside Macintosh, le guide du système informatique Macintosh. Apple a également imposé à l'époque des restrictions très strictes au programme Apple Certified Developer, qui permettait aux développeurs de logiciels d'obtenir des Mac à prix réduit et de recevoir des documents d'information.[97]

En raison de cette mauvaise gestion stratégique de la propriété intellectuelle, Apple a perdu beaucoup de parts de marché. Toutefois, Apple a tiré les leçons de cette erreur et a récemment mis une partie de la technologie de son système musical iPod entre les mains de rivaux réels ou potentiels afin de créer des effets de réseau et de tenter d'établir une norme propriétaire de *facto*.[98]

[97] Rudi Bekkers et Joel West, "The Limits to IPR Standardization Policies as Evidenced by Strategic Patenting in UMTS" (2009), Telecommunications Policy 33 (2009) 80, 91. 6

c. Microsoft

Microsoft fournit principalement des services logiciels et est par conséquent très protecteur de ses droits de propriété intellectuelle sur ses logiciels, comme en témoignent ses récentes tentatives pour faire exclure les logiciels libres et les normes ouvertes du nouveau cadre numérique de l'UE. [99]

Récemment, les efforts de Microsoft pour accélérer sa norme OOXML[100] par le biais

---

[97] Alan Cunningham et Gary Lea, "Telecommunications, intellectual property, and standards", dans Ian Walden (eds), *Telecommunications Law and Regulation,* (3rd edn, Oxford University Press, Oxford, 2009), 516.

[98] Ibid.

[99] Glyn Moody, Open Source and Open Standards under Threat in Europe,

<http://www.computerworlduk.com/community/blogs/index.cfm?entryid=2878&blogid=14&pn=3> dernière visite le 4 août 2010.

[100] OOXML est une spécification de Microsoft pour les formats de documents utilisés dans les traitements de texte, les présentations et les feuilles de calcul.

d'une procédure accélérée de l'Organisation internationale de normalisation (ISO) ont échoué. Alors que les gouvernements du monde entier commencent à mettre en place des politiques d'achat de technologies de l'information qui encouragent l'utilisation de normes ouvertes, les enjeux du différend sur les formats de documents augmentent. La tendance à l'adoption obligatoire de normes dans l'informatique gouvernementale a conduit certains à spéculer que les agences gouvernementales et les entreprises qui travaillent en étroite collaboration avec le secteur public commenceront à se détourner des offres bureautiques profondément ancrées de Microsoft pour adopter des alternatives telles que Lotus Notes d'IBM, StarOffice de Sun ou OpenOffice.org, qui utilisent le format OpenDocument (ODF). Enfin, en avril 2008, Microsoft a obtenu l'approbation de l'ISO pour son nouveau format XML ouvert.[101]

Cet exemple montre, d'une part, qu'une véritable guerre des normes se déroule dans le secteur des TIC et, d'autre part, que la politique de Microsoft en matière de normes consiste, compte tenu de l'affaire *Microsoft*, à protéger ses propres droits de propriété intellectuelle en essayant toujours de mettre en œuvre des normes basées sur sa technologie. Contrairement à d'autres géants de l'informatique tels qu'IBM, Microsoft ne soutiendra probablement pas les normes ouvertes, car cela diminuerait probablement sa position dominante sur le marché des logiciels de bureautique.

Toutefois, quelle que soit l'issue du débat sur les normes OOXML, le format de Microsoft deviendra rapidement la norme de *facto* dans l'industrie privée, car les entreprises adoptent presque exclusivement Office 2007, et moins les logiciels de bureautique d'IBM ou de Sun.

Sur son site web, Microsoft explique sa position sur les normes et les licences de normes et déclare qu'elle *"s'engage souvent à accorder des licences sur ses brevets en exemption de redevances et à d'autres conditions raisonnables et non discriminatoires (RAND) aux personnes chargées de la mise en œuvre des normes de l'industrie".*[102]

En ce qui concerne sa politique en matière de conditions de licence, Microsoft déclare : *"Ces conditions de licence sont similaires à celles que d'autres entreprises du secteur technologique appliquent à leurs propres brevets, généralement désignés sous le nom de*

des conditions "commercialement raisonnables". Lorsque Microsoft décide d'accorder

[101] Ryan Paul, IBM répond à Microsoft : OOXML is 'technically inferior',
<http://arstechnica.com/microsoft/news/2008/02/ibm-responds-to-microsoft-ooxml-is-technically- inferior.ars> dernière visite le 8 août 2010.
[102] Standards Licensing", <http://www.microsoft.com/standards/standardslicensing.aspx> dernière visite le 8 août 2010.

des licences sur des brevets, nous le faisons généralement de manière non exclusive".[103]

d. IBM

IBM (International Business Machines Corporation) a mis en place une certaine politique de standardisation en faveur des standards open source. Les activités d'IBM sont davantage axées sur les services que sur les logiciels. Sa division matériel a été vendue au Chinois Lenovo.

En 2005, dans la perspective d'une normalisation de *facto* plus poussée, IBM a annoncé le libre accès à 500 brevets logiciels d'IBM pour les personnes et les groupes travaillant sur des logiciels libres et a proposé de développer une communauté de brevets pour stimuler l'innovation dans ce domaine. Des annonces ultérieures ont mis à disposition des ensembles de brevets liés à l'utilisation des TIC dans les domaines de la santé et de l'éducation.

En septembre 2008, IBM a annoncé une nouvelle politique en matière de normes informatiques qui formalise le comportement de l'entreprise lorsqu'elle contribue à la création de normes techniques ouvertes, comme l'a déclaré Bob Sutor, vice-président d'IBM chargé de l'open source et des normes : *"Des normes technologiques communes, ouvertes et consensuelles, établies par des organismes de normalisation réputés, permettent à chacun d'entre nous d'acheter facilement et d'utiliser de manière interchangeable des technologies informatiques provenant de plusieurs fournisseurs. "*.

Les principes de la nouvelle politique d'IBM sont les suivants :

- *"Commencer ou arrêter la participation aux organismes de normalisation en fonction de la qualité et de l'ouverture de leurs processus, de leurs règles d'adhésion et de leurs politiques en matière de propriété intellectuelle.*
- *Encourager les économies émergentes et développées à adopter des normes mondiales ouvertes et à participer à la création de ces normes.*
- *Promouvoir des règles de gouvernance au sein des organismes de normalisation qui garantissent que les décisions technologiques, les votes et les résolutions de litiges sont pris de manière équitable par des participants indépendants, à l'abri de toute influence indue.*
- *Collaborer avec les organismes de normalisation et les communautés de développeurs pour veiller à ce que les normes d'interopérabilité des logiciels ouverts soient librement accessibles et applicables.*
- *Contribuer à la création de politiques de propriété intellectuelle claires, simples et cohérentes pour les organismes de normalisation, permettant ainsi aux concepteurs de normes et à ceux qui les mettent*

Août 2010.

en œuvre de prendre des décisions techniques et commerciales en connaissance de cause". [104]

IBM est manifestement plus préoccupé par les normes d'interopérabilité des logiciels ouverts que son concurrent Microsoft.

En ce qui concerne sa politique en matière de licences de propriété intellectuelle, IBM déclare sur son site web : *"IBM concède des licences de technologie principalement pour améliorer le rendement de son investissement dans la technologie. Les redevances de licence sont celles du marché*

[104] IP   licensing   policy",
<http://www.microsoft.com/about/legal/en/us/IntellectualProperty/IPLicensing/Policy.aspx> dernière visite 8 *tarifs et consistent généralement en une combinaison de paiements initiaux et de redevances basées sur les revenus générés par l'utilisation de la technologie concédée."' '[10]*

E. La nécessité d'une nouvelle modernisation de la normalisation des TIC dans l'UE ?

Neelie Kroes, vice-présidente de la Commission européenne chargée de la stratégie numérique, a récemment déclaré : "L'Europe devrait disposer de normes TIC plus ouvertes".[105] [106] Elle propose cinq actions clés dans le cadre de la stratégie numérique pour l'Europe afin d'accroître le nombre et la qualité des normes reconnues et créées en Europe, de mieux utiliser ces normes et d'améliorer l'interopérabilité en l'absence de normes.

Tout d'abord, l'Europe doit réformer sa façon de traiter les normes. Les normes pertinentes des OEN non traditionnels devraient être mises sur un pied d'égalité avec les normes européennes lorsqu'il s'agit de parvenir à l'interopérabilité. En d'autres termes, l'industrie devrait participer plus activement au processus de normalisation.

Deuxièmement, l'Europe devrait utiliser toutes les opportunités pour promouvoir des règles de divulgation ex ante des DPI essentiels et des conditions de licence dans les contextes de normalisation. Comme l'indique Mme Kroes, certains organismes de normalisation disposent déjà de règles de divulgation, mais pas tous.

---

[104] <http://www.marketwire.com/press-release/IBM-Announces-New-IT-Standards-Policy-NYSE-IBM- 902622.htm> <http://www.research.ibm.com//files/standards wikis.shtml> dernière visite le 4 août 2010.

[105] Technology licensing practices", < http://www.ibm.com/ibm/licensing/technology/> dernière visite le 8 août 2010.

[106] Neeli Kroes, "EU Digital Agenda - Creating better ICT standards in Europe" (discours publié le 11 juin 2010),

<www.egovmonitor.com/node/36967> dernière visite le 4 août 2010.

Troisièmement, les normes en matière de TIC devraient servir à améliorer les cahiers des charges des marchés publics et privés et vice versa. Plusieurs cahiers des charges gouvernementaux ne sont pas conformes aux spécifications informatiques.

Quatrièmement, selon Mme Kroes, un nouveau cadre européen d'interopérabilité est nécessaire afin d'améliorer principalement l'interopérabilité entre les administrations publiques.

Cinquièmement, toutes les options doivent être explorées pour s'assurer que les acteurs importants du marché ne peuvent pas simplement choisir de refuser l'interopérabilité avec leur produit. Mme Kroes envisage d'autres moyens que les procédures judiciaires pour s'assurer que les entreprises fournissent les informations requises pour l'octroi de licences.

Le nombre de normes TIC augmente chaque jour. Comme nous l'avons vu dans ce mémoire, les normes TIC créent des plateformes, des protocoles, des procédures et des modèles communs pour assurer la sûreté, la sécurité, l'interopérabilité, l'interchangeabilité et la commodité du marché dans le secteur des TIC.

La normalisation peut prendre différentes formes, allant de l'adoption de normes consensuelles par les organismes de normalisation européens ou nationaux reconnus (les organismes d'élaboration (ou de définition) de normes (OEN)), à des accords entre entreprises indépendantes, en passant par des organisations informelles *(consortiums)*.

De nombreuses grandes entreprises technologiques ont créé des départements indépendants chargés de valoriser les brevets et les droits d'auteur par l'octroi de licences. Une valeur supplémentaire peut être extraite en rejoignant des initiatives de normalisation formelles ou informelles et, enfin, en accordant des licences sur ses DPI - à des conditions FRAND - aux utilisateurs de la nouvelle norme qui contient les DPI d'une entreprise.

Cette thèse montre clairement que les normes interfèrent presque nécessairement avec les DPI des entreprises privées, que les normes et les DPI servent des objectifs différents mais qu'ils doivent nécessairement coexister dans le même environnement industriel et commercial.

Du point de vue des entreprises, la question se pose de savoir dans quelle mesure elles peuvent bloquer les processus de normalisation, ou convenir avec d'autres entreprises de ne partager la propriété intellectuelle qu'entre elles (comme c'est le cas dans les communautés de brevets), ou d'utiliser leurs DPI pour négocier des conditions de licence (peu) favorables.

Pour faire le bon choix de gestion entre la défense de ses DPI et/ou la participation à une norme, une entreprise doit toujours évaluer sa propriété intellectuelle d'abord au moyen d'audits appropriés et, par conséquent, de méthodes d'évaluation économique, puis définir les modes d'exploitation possibles tels que l'octroi de licences. La stratégie d'une entreprise en matière de DPI et de normes sera fondée sur des considérations commerciales (valeur économique de l'enregistrement, de l'exploitation et de la défense des DPI et valeur de l'adhésion ou du blocage d'une initiative de normalisation), techniques (force de sa technologie et de sa propriété intellectuelle, alternatives techniques concurrentes d'une certaine technologie) et juridiques (protection (territoriale) de ses DPI, questions de droit de la concurrence, réglementation des normes, droit des contrats, accords de licence).

Bloquer les initiatives de normalisation, en refusant d'accorder des licences pour ses DPI, et d'autres comportements anticoncurrentiels ne semble pas souhaitable en Europe pour les entreprises, car cela sera rapidement qualifié (par la Commission européenne, les autorités nationales de la concurrence et les tribunaux) de comportement anticoncurrentiel ou d'abus de position dominante selon les articles 101 et 102 du traité CE ou les législations nationales pertinentes. Dans le secteur des TIC, plus particulièrement dans les domaines techniques de l'interopérabilité et de l'interchangeabilité, une entreprise peut facilement adopter un comportement anticoncurrentiel ou abuser de sa position dominante parce que de nombreuses technologies TIC, détenues par différentes entreprises, dépendent fortement les unes des autres pour fonctionner correctement. L'affaire Microsoft est un exemple qui montre que les *informations sur l'interopérabilité* ne peuvent pas être refusées.

La politique des entreprises du secteur des TIC en matière de propriété intellectuelle et de normes dépend fortement des produits et services qu'elles fournissent. Les géants du logiciel tels que Microsoft semblent plus réticents à rejoindre les initiatives de normes ouvertes et défendront rigoureusement leurs droits de propriété intellectuelle, tandis que d'autres entreprises davantage axées sur les services informatiques tendent à être plus ouvertes aux normes ouvertes.

Toutefois, comme le prouve l'affaire Apple, il ne faut pas se contenter de défendre ses DPI, car cela peut conduire à une situation où la technologie d'une entreprise ne sera plus jamais prise en considération pour une norme, afin d'éviter les procédures relatives aux DPI, ce qui peut très rapidement entraîner une baisse substantielle des revenus d'une entreprise. Toujours selon la commissaire européenne Kroes, l'avenir de la normalisation des TIC réside dans cette politique de normes ouvertes.

BIBLIOGRAPHIE

a. Articles et livres

Aoki, Reiko et Small, John, "Compulsory Licensing of technology and the essential facilities doctrine" (2004), Information Economics and Policy 16 (2004), 13-29.

Bekkers, Rudi et West, Joel, "The Limits to IPR Standardization Policies as Evidenced by Strategic Patenting in UMTS" (2009), Telecommunications Policy 33 (2009), 80-97.

Bentley, Lionel et Sherman, Brad, *Intellectual Property Law* (3th edn, Oxford University Press, Oxford, 2009), 1144p.

Cornish, William et Llewelyn, David, *Intellectual Property : Patents, Copyright, Trade Marks and Allied Rights* (6th edn, Sweet and Maxwell, London, 2007), 918p.

Cornish, William, *Cases and Materials on Intellectual Property* (4th edn, Sweet and Maxwell, London, 2003), 719p.

Craig, Paul et De Burca, Grainne, *EULaw, text, cases and materials* (2nd edn, Oxford University Press, Oxford, 1998), 1152p.

Cunningham, Alan et Lea, Gary, "Telecommunications, intellectual property, and standards", in Ian Walden (eds), *Telecommunications Law and Regulation,* (3rd edn, Oxford University Press, Oxford, 2009), 499-535.

Drahos, Peter et Maher, Imelda, "Innovation, competition, standards and intellectual property : policy perspectives form economics and law" (2004), Information Economics and Policy 16, 1-11.

Evans, Gail, "Intellectual property audits, accounting and valuation" (conférence au Centre d'études de droit commercial de l'université Queen Mary de Londres à Londres en 2010).

Gomulkiewicz, Robert, "Open Source : Changing IP Transactions ?" (conférence à la faculté de droit de l'université de Washington, présentée au Centre d'études de droit commercial de l'université Queen Mary de Londres, 2010).

Greenstein, Shane et Stango, Victor (eds), *Standards and Public Policy,* (Cambridge University Press, Cambridge, 2005), 1-10.

Grindley, Peter, *Standards, strategy and policy : cases and stories* (Oxford University Press, Oxford, 1995), 304p.

Hall, Bronwyn H., Jaffe, Adam et Trajtenberg, Manuel, "Market Value and Patent Citations" (2005), Rand Journal of Economics, 36 (1), 16-38.

Jones, Alison et Sufrin Brenda, *EC Competition Law* (3th edn, Oxford University Press, Oxford, 2008), 1418p.

Koelman, Kamiel J., "An exception standardis : do we need an IP exemption for standards" (2006), ICC 37(7) 2006, 823-843.

Koenig, Christian et Trias, Ana, ' Some standards for standardisation : a basis for harmonisation and efficiency maximisation of EU and US antitrust control of the standardsetting process', E.I.P.R. 2010, 32(7), 320-331.

Lea, Gary et Hall, Peter, "Standards and intellectual property rights : an economic and legal perspective" (2004) 16 IEP 2004, 67-89.

Liotard, Isabelle et Bekkers, Rudi, "European standards for mobile communications : the tense relationship between standards and intellectual property rights" (1999), 21 (3) E.I.P.R. 1999, 110-126.

Pitt, Edward et Morton-Fincham, Robin, "Competition law in telecommunications", dans Ian Walden (eds), *Telecommunications Law and Regulation,* (3rd edn, Oxford University Press, Oxford, 2009), 441-498.

Millard, Christopher, "Copyright in information technology and data", dans Chris Reed et John Angel (eds), *Computer Law,* (6th edn, Oxford University Press, Oxford, 2007), 337-396.

Reed, Chris et Angel, John (eds), *Computer Law,* (6th edn, Oxford University Press, Oxford, 2007), 610p.

Spulber, Daniel, F., "Unlocking technology : antitrust and innovation" (2008), J.C.L.& E. 2008, 4(4), 915-966.

Verbruggen, Johan et Lorincz, Anna, "Patents and technical standards" (2002) IIC 33(2), 125-154.

Walden, Ian (eds), *Telecommunications Law and Regulation*, (3rd edn, Oxford University Press, Oxford, 2009), 909p.

Whish, Richard, *Competition Law*, (6th edn, Oxford University Press, Oxford, 2008), 1006p.

b. La jurisprudence

i. Décisions de la Commission européenne

Accords sur les magnétoscopes [1978] JO L 47/42.

Magill TV Guide/ITP, BBC et RTE [1989] JO 4 CMLR 757.

MPEG-2, [1998] OJ C 229/19

Microsoft [2004] COMP/C 3-37.792.

ii. Tribunal européen de première instance

Affaires C-395 et 396/96 *Compagnie Maritme Belge Transports et autres contre Commission* [2000].

Affaire C-418/01 *IMS Health Gmbh & Co OHGvNDC Health GmbH & Co KG*

[2004].

Affaire T-201/04 *Microsoft* [2007]

iii. *Autres juridictions*

Re Dell Computer Corp. 121 F.T.C. 616, No. C-3658, 1996 FTC LEXIS 291 (20 mai 1996)

Wang v Mitsubishi, Cir Ct App 1997, 3 janvier 1997
<http://www.ll.georgetown.edu/federal/judicial/fed/opinions/95opinions/95-1276.html> dernière visite le 4 août 2010

Affaire *Orange Book* KZR 39/06, 6 mai 2009.

Affaire *SKKassetten GMBH,* Cour de justice de La Haye, section droit civil, 17 mars 2010.

c. **Législation**

Article 6, décision ministérielle belge (MB) du 8 avril 1995.

Résolution du Conseil du 7 mai 1985 concernant une nouvelle approche en matière d'harmonisation technique et de normalisation (CE) JO CE 85/C 136/01

Directive 2009/24/CE du Parlement européen et du Conseil du 23 avril 2009 concernant la protection juridique des programmes d'ordinateur.

Commission (CE), "Lignes directrices relatives à l'application de l'article 81 du traité CE aux accords de transfert de technologie" (communication), JO C 101 du 27 avril 2004.

Directive 2002/19/CE du Parlement européen et du Conseil du 7 mars 2002 relative à l'accès aux réseaux de communications électroniques et aux ressources associées, ainsi qu'à leur interconnexion (directive "accès") [Journal officiel L 108 du 24.04.2002].

Règlement (CE) n° 772/2004 de la Commission du 27 avril 2004 concernant l'application de l'article 81, paragraphe 3, du traité à des catégories d'accords de transfert de technologie

Lignes directrices sur l'applicabilité de l'article 81 aux accords de coopération horizontale [2001] JO C3/2.

d. **Traités**

Accord sur les aspects des droits de propriété intellectuelle qui touchent au commerce (ADPIC)

Convention sur le brevet européen (CBE) 1973

e. **Autres sources**

Commission (CE), "Moderniser la normalisation dans le domaine des TIC dans l'UE - La voie à suivre (Livre blanc)" COM(09) 324 final, 3 juillet 2009, p 3 <http://ec.europa.eu/enterprise/policies/european-standards/files/ict/policy/standards/whitepaper en.pdf> dernière visite le 4 août 2010.

Organisation de coopération et de développement économiques (OECC) "Valorisation et exploitation de la propriété intellectuelle" (30 juin 2006), Analyse statistique de la science, de la technologie et de l'industrie (STI), document de travail 2006/5, 8.

PriceWaterhouseCoopers, "Exploiting intellectual property in a complex world", Asset Management, Technology executive connections , volume 4, 4. <http://www.pwc.com/en GX/gx/technology/pdf/exploiting-intellectual-property.pdf > dernière visite le 4 août 2010.

Ian Cockburn, "IP Audit - A "How to" Guide" <http://www.wipo.int/sme/en/documents/ip audit.htm> dernière visite le 4 août 2010.

Glyn Moody, Open Source and Open Standards under Threat in Europe, <http://www.computerworlduk.com/community/blogs/index.cfm?entryid=2878&blo gid=14& pn=3> dernière visite le 4 août 2010.

Ryan Paul, IBM répond à Microsoft : OOXML is 'technically inferior', <http://arstechnica.com/microsoft/news/2008/02/ibm-responds-to-microsoft-ooxml-is- technically-inferior.ars> dernière visite le 8 août 2010.

Standards Licensing", <http://www.microsoft.com/standards/standardslicensing.aspx> dernière visite le 8 août 2010.

IP licensing policy", <http://www.microsoft.com/about/legal/en/us/IntellectualProperty/IPLicensing/Polic y.aspx> dernière visite le 8 août 2010.

<http://www.marketwire.com/press-release/IBM-Announces-New-IT-Standards-Policy- NYSE-IBM-902622.htm> <http://www.research.ibm.com//files/standards wikis.shtml> dernière visite le 4 août 2010.

Technology licensing practices", < http://www.ibm.com/ibm/licensing/technology/> dernière visite le 8 août 2010.

Neeli Kroes, "EU Digital Agenda - Creating better ICT standards in Europe" (discours publié le 11 juin 2010), <www.egovmonitor.com/node/36967> dernière visite le 4 août 2010.

Dorn, Stephan, "Green-Orange-Red, the German Orange Book decision is putting industry on alert" (Commentaire pour IPEG le 14 septembre 2009) <http://www.ipeg.eu/blog/?p=733> dernière visite le 4 août 2010.

Van Velsen, Francis et Berghuis, Bas, "Dutch Court to Differ from German Orange Book Decision" (Commentaire pour IPEG le 19 mars 2010) <http://www.ipeg.eu/blog/?p=1063> dernière visite le 4 août 2010.

<http://www.iso.org> dernière visite le 5 août 2010.

<www.cen.eu> dernière visite le 4 août 2010.

<www.cenelec.eu> dernière visite le 4 août 2010.

<www.etsi.org> dernière visite le 4 août 2010.

<www.ictsb.org> dernière visite le 4 août 2010.

<www.etsi.org> dernière visite le 4 août 2010.

<www.ansi.org> dernière visite le 4 août 2010.

<http://www.itu.int> dernière visite le 5 août 2010.

<http://eur-lex.europa.eu> dernière visite le 8 août 2010.

<http://www.ipeg.eu> dernière visite le 4 août 2010

Printed by Books on Demand GmbH, Norderstedt / Germany